サービス職人は知っている

「中国料理」は最高！

《①料理編》

公益社団法人 日本中国料理協会

理事 白土 健司 著

コーディネーター 遠山詳胡子

中国料理と歴史は、密接な関係があります。本書では、定評のある専門書と、長い間独自に収集した資料、そして現場の最前線でキャリアを積まれた関係者のお話を元に著者独自の解釈を試みました。

全国には、我々が知らない素敵なお店がたくさんあります。本書で学んだ知識を頼りにご自身の足と目と舌で探してみましょう。

サービス職人の定義

職人とは、自分の持つ技術力で、有形のものを創り上げる人。

サービスとは、人をもてなす、または楽しませる無形のもの。

サービス職人とは、身に付けた無形のものを巧みに用いながら商行為において有形なものを生み出すことができる人。

飲食事業においては、料理を把握し、お客様へのサービスを提供し、売上げをしっかり上げられる人のことを指す。

はじめに

私中島將耀は、著者白土健司君の友人です。私事で恐縮ですが、私は六〇年近く前から中国料理に携わり、二〇年近く前からは織田調理師専門学校で教鞭を執っています。その人生の中で、調理師、サービス人、店長、総支配人、アドバイザーなどを務めてきました。

白土君とは、日本中国料理協会で出会いました。

私は、彼ほど勉強熱心な人を見たことがありません。

それは、本書に詰まった綺羅星のような内容から、お分かりいただけると思います。

彼の自分に投資して多くを学ぼうとし続ける、その姿勢が私は大好きです。

そして、彼ほど伝達上手な人を見たこともありません。

それは、本書に流れる軽妙な語り口から、お分かりいただけると思います。

彼のフェイスブックにはいつもワクワクさせられて、その表現力が私は羨ましいです。

言わずもがなですが、コミュニケーションは、人生においてとても大切です。

店でホールサービスをする人も、マネジメントする人も、この本をお客様とのコミュニケーションツールとして大いに活用して、スキルアップして頂ければと思います。


公益社団法人日本中国料理協会　サービス技能支部相談役　**中島將耀**

はじめに 3

第1章 菜系

中国料理の菜系とは 12
勢力の構造 13
山東料理 16
満漢全席 17
◆宮廷料理◆ 19
広東料理 21
◆横浜中華街◆ 23
上海料理 24
北京上海系 24
海派 25
四川料理 27
重慶 27
成都と重慶 29
四川料理の流行 30
中国 火鍋がきっかけ 30
日本 32
◆四川フェス◆ 33
◆中国料理教室◆ 37
ヌーヴェル・シノワ 39
◆町場のヌーヴェル・シノワ?◆ 40
日本のヌーヴェル・シノワ 41
かつて一世を風靡した青山の名店 41
赤坂で続く、ヌーヴェル・シノワの老舗 43
脇屋友詞シェフ 44
臥龍 44
ガチ中華 48
お店の場所 49
経営者 50

第2章 料理

話したくなる話題 54
◆旬の食材◆ 55
■前菜 56
■スープ 58
◆卓袱《しっぽく》料理のお吸い物◆ 60
フカヒレスープ 61
蟹の卵味噌スープ 61
◆フカヒレラーメン◆ 62
■頭菜《トウツァイ》 64
フカヒレ 65
◆シャークフィニング問題◆ 67
◆海禁策◆ 68
アワビ 70
ナマコ 72
ツバメの巣 73
■高級点心 74
北京ダック 74
中国の北京ダック 75
◆南京ダック◆ 77
日本の北京ダック 78
◆名店の北京ダック◆ 79
■羊肉 81
◆羊◆ 83
■豚肉料理 84
金華ハム 84
酢豚 86
パイナップル入り酢豚 87
黒酢酢豚 89
東坡肉《トンポーロー》 90
青椒肉絲《チンジャオロース》 92

◆青椒肉絲の達人◆ 92
回鍋肉《ホイコーロー》 94
日本的回鍋肉 94
■鶏肉料理 96
よだれ鶏 96
◆レジェンドの「故郷の味」◆ 97
棒棒鶏《バンバンジー》 99
辣子鶏《ラーズージー》 100
油淋鶏《ユーリンチー》 101
宮保鶏丁《クンボーチーティン》 103
■牛肉 104
■海鮮料理 105
海老チリソース 105
名称 105
◆海老チリは何料理？◆ 108
◆トマトケチャップは
シルクロードから？◆ 110
◆四川の食材◆ 111
海老マヨネーズ 112
◆周富徳氏◆ 113
水煮魚《スイジューユィ》 115
中国風お造り 117
蟹 119
上海蟹 119
雄雌 120
九雌十雄 121
天然ものと養殖もの 121
◆外来種法◆ 123
◆中国事情◆ 123
◆蟹王府◆ 124
◆国産モクズ蟹 125

■素菜《スウツァイ》 126
精進料理は中国由来 126
◆椎茸◆ 127
麻婆豆腐《マーボードウフ》 128
◆なんちゃって麻婆豆腐◆ 130
八宝菜 131
佛跳牆《フォティヤオヂャン》 134
◆あんかけ◆ 135
◆銀座アスター◆ 136
◆海員閣◆ 137
■座菜《ツオツァイ》 139
清蒸《チンジョン》 139
■点心類 140
飲茶との違い 141
皮　南北違い 142
小籠包 143
◆南翔饅頭店◆ 144
小籠包の食べ方 145
水餃子 149
◆まかない餃子◆ 150
焼き餃子 151
下味 153
◆酢胡椒◆ 154
海老蒸し餃子 155
大根餅 156
春巻き 158
◆高級コースの春巻◆ 160
◆いろいろな春巻◆ 161
焼売《シュウマイ》 162
◆博雅亭◆ 163
◆崎陽軒◆ 165
饅頭《マントウ》 166

◆諸葛孔明◆ 166
包子《パオズ》 168
蒸したては旨い 168
冷凍 170
外注 170
◆あんまん◆ 172
胡麻団子 173
◆巨大胡麻団子◆ 174
◆球の団子◆ 175
月餅《ゲッペイ》 176
◆咸蛋《シャンダン》入り月餅◆ 177
◆皮蛋《ピータン》◆ 178
粽子《ゾンズ》／チマキ 180
◆咸蛋入りチマキ◆ 181
■麺飯 182
麺飯類は失礼 182
白米 184
炒飯 185
鍋粑《グウオパァー》／オコゲ 186
お粥 187
◆漬物◆ 189
ワンタン 190
担々麺 191
◆麺の配分は難しい◆ 192
◆胡麻◆ 193
炸醤麺《ジャージャーメン》 194
◆紅芯大根《ホンシンダイコン》◆ 195
■デザート 196
杏仁豆腐 196
◆杏林◆ 198
フルーツ 200
■日本で生まれた中華料理 201

冷やし中華 201
天津飯 202
■調味料 203
カスターセット 203
◆調味料の順番◆ 204
醤油 205
合わせ調味料 206
唐辛子 207
山椒 208
豆瓣醤《ドウバンジャン》 208
甜麺醤《テンメンジャン》 210
◆南は甘い◆ 211
オイスターソース 212
XO醤 213
味覇《ウェイパー》（中華スープの素） 214
◆神戸の思い出の味◆ 215
■ドリンク 216
烏龍茶《ウーロン》 216
紹興酒 217
ワイン 218
◆水◆ 220

第3章　私のヒストリー

専門学校 222
就職 224
東京・霞が関 224
芝大門 226
栃木県・宇都宮東武ホテルグランデ「北京料理　竹園」 227
神奈川県・藤沢 228

大和市
四川料理「北京飯店」 229
東京・お台場 230
八王子 230
深川 232
上海の五つ星ホテル直営
赤坂「錦江飯店」 232
赤坂「上海大飯店」 234
麹町「登龍」 235
佃 236
横浜中華街「横浜大飯店」 236
「南国酒家」荻窪・原宿本店 237
虎ノ門横丁「香港焼味酒家」 238
重慶四川料理「麻辣大学」 240
おわりに 242

第1章　菜　系

中国料理の菜系とは

日本では、中国料理を上海、北京、広東、四川に分け、「四大料理」と表現しています。

ちなみに、「料理」は中国語で「処理する」とか「対処する」などと訳します。

中国では、「菜」が「料理」の意味で、各菜系によって、材料の切り方や料理工程、加工方法など違います。

ですから「四大料理」は、中国的には「四大菜系」という表記になります。

しかしながら、中国には四大菜系という分け方はありません。

そもそも四大菜系と分類しているのは日本だけで、東西南北の著名的な都市を冠した、地域別の区分けです。しかし、「四大料理」という言葉は日本のお客様には分かりやすいので、日本で出店している中国人は積極的に使っています。

中国での菜系は四つではなく、八、一六、三二などで区分けします。

それでは、区分けした根拠や基準は「地域別なのか？」と問われると、実は矛盾点が出てきます。

例えば八大菜系を、日本的な四大菜系で振り分けてみると、上海は江蘇・浙江・安徽、北京は山東、四川は四川・湖南、広東は広東・福建になります。

しかし、これでは全中国の地域を網羅できていません。

一六や三二などの菜系も、同様です。

中国全土には、直轄四市・二二省・特別行政二区・自治五区があります。

その中で黒竜江省や吉林省、遼寧省など一番奥の東北地方といわれている地域は、菜系に含まれていません。四川の奥にある青海や甘寧、雲南も含まれていません。中央にある河南省や陝西省、湖北省も、含まれていません。ましてやウイグル、チベット、モンゴルなどの自治区は、触れようともしていません。

これは、どういうことなのでしょうか。

勢力の構造

中国の菜系が地域別でなければ、何が基準なのかと考えると、「いつ頃に、菜系の振り分けがされたのか」から調べる必要がでてきます。

第二次世界大戦が終わり、中華民国と社会主義の人民解放軍との内乱で、中華人民共和国が成立しました。文化大革命終了後は、毛沢東政権から鄧小平氏が自由化経済を取り入れて、新生中国が世界に向けて自国をアピールし始めました。「開放政策」です。菜系は、この時期に注目され始めたのではないかと、推測ができます。「世界に向けて、中国という国を知ってもらおう！　じゃあ、中国の特徴はなんだ？」という議論があり、料理も特徴の一つとして捉えるようになりました。

そこで過去の資料などを調べたら、菜系という考え方が出てきました。そしてその振り分けを、その時の政府内の勢力構造（各軍閥）に合わせて作ったのではないか、と考えられます。

例えば八大菜系だと、山東、四川、広東、江蘇、浙江、安徽、福建、湖南です。ここに、上海はありません。上海は、新しく作られた場所で、その権益を握るために各地方の軍閥がしのぎを削った激戦区です。

そもそも作られた町なので、上海料理というものはないのです。日本で、東京料理がないのと同じ感じですね。

あえて上海料理という見方をするのなら、近隣地域で古都として歴史があり軍閥があった、江蘇や浙江、安徽などが対象になるのかなと思います。

湖南省は初代首席毛沢東氏の故郷だし、安徽省は明を建国した朱元璋氏や清代末期の政治家李鴻章氏の出身地だし、ちょっと調べただけでも菜系には政治的な配慮が見られます。

こういうことが背景にあるので、「山東料理は、北京料理に含まれます」と話している偉い方々がいますが、そうではなくて「北京料理は、山東料理に含まれている」が、正しい表現です。


以上のことから、中国料理の区分は、日本的な東西南北や地域分けではなくて、中華人民共和国成立後、それも文化大革命後の当時にあった権力構造の結果だと、十分に推測できます。

しかし、事実かどうかは、今のところ分かりませんね。

山東料理

「現代中国料理は、山東料理から始まる」、と言われています。

その理由の一つは、山東が儒教の創始者である孔子の生誕地だからです。

漢の時代から、儒教は国教となりました。司馬遼太郎の「項羽と劉邦」の時代です。

高祖の劉邦氏が成し遂げた天下統一で「漢」が成立しました。

その権力を維持し、秩序で国を治めるためには、共通した思想が必要となり、「儒教」が重んじられるようになりました。

詳しいことは割愛しますが、儒教は五つの徳（仁・義・礼・智・信）をもって、五倫（父子・君臣・夫婦・長幼・朋友）の関係を維持することを教えています。力で国を治めた者が同じように力で刃向かう者が出て来ないように、権力者の権力を維持するためのシステムだ、という考え方もあるようです。

歴代皇帝は、儒教の教えを乞うために、山東省まで巡礼するようになりました。

そうなると、儀式が行われるようになり、その後には宴も催されるようになり、作法などが必要となってきます。それに伴い、行事に関わる食や所作が専門化していきました。

皇帝が居を構える城でも儀式が必要になったので、専門知識を持つ山東省の人達と共に、宴を設える料理人達も、宮廷に招聘されました。

このような経緯があって、「現在に至る中国料理の技法は、国の最高権力者のために提供されていた山東料理から始まる」、と言われるようになるのです。

山東省は山海の珍味や食材などが揃いやすい要所で、山東人はもともと食に対する意識が高かったことも、関係していたと思います。

満漢全席

清の時代を代表する料理形式といえば、「満漢全席」です。

現代では香港での高級宴席として広く認知されましたが、本来は満州民族と漢民族の融和を図るための祝宴です。そしてこれを取り仕切るのも、山東料理の料理人達でした。

満州と漢の名物料理を、素材や料理方法が重ならないように用意して、三日三晩かけて、何百という料理を食べて、酒も飲んで、という宴会だったそうです。

「ヤギや鹿、羊などの動物がいる山を燃やして、丁度良い焼き具合になったタイミングで食べる」というイベントも、あったようです。

三代目皇帝「乾隆帝」の時代には、南巡と称して、皇帝が江南（長江より南側）を主に視察しましたが、各地の豪商の塩商人達がこの皇帝ご一行様を接待した時も、満漢全席でした。李斗氏の『揚州画舫録』には、その料理内容が掲載されているそうです。

グルメの乾隆帝は、南側の料理を大層気に入って、料理人達を宮廷に招聘したので、揚州料理も宮廷料理に加わることになりましたが、それまでは山東人のみが宮廷厨房を仕切っていたので、「宮廷料理＝山東料理」となったのです。

清末期、国家が崩壊して宮廷も無力化したので、城内で働いていた人々は失職しますが、それまでは城から生きて出ることはできなかったので、放免されたという側面もあります。腕のある宮廷料理人によって、門外不出といわれた料理やその調理方法が、街場に流れるようになりました。

そういう流れは、フランス料理の世界とも、よく似ているようです。

フランス革命で失職した宮殿や貴族のシェフが町に出たことで、レストランが開かれるようになりましたからね。

「皇帝の食べていた料理を、自分のものにしたい」と切望した新たな権力者達や富豪達は、宮廷料理人を喜々として雇いました。

料理人は、自分達が宮廷で作ってきた料理を解放していきました。

例えば、揚げてから炒めてソースをかけるなどの複合的な調理方法です。

他にも、しっかりと下味を付けた食材を、中華鍋に油を熱くして揚げて、炸鏈《ジャーレン》という穴の開いた片手鍋で油を切ってから炒める手法や、素材を蒸し煮してから、別にソースを作ってかける手法などがあります。

それがどんどん広まって、中国料理の技法として引き継がれて、現代に至るということです。

◆宮廷料理◆

私が覚えている宮廷料理の話に、こういうのがあります。

清国最後の皇帝、ラストエンペラーといえば愛親覚羅溥儀《アイシンカクラフギ》氏ですが、その弟君の溥傑《フケツ》氏は、日本人の妻を持ち、日中友好の架け橋として尽力された方です。

この方が故宮、紫禁城で生活していた時の料理として、「大鍋に湯を沸かし、中央に吊るした鶏に鍋の煮えたぎったお湯の蒸気で、何十時間もかけて火を通すのである。すると、ジワジワと火を通す『蒸らし鶏』となって、実に柔らかく仕上がる」というのが紹介されています。

非常に柔らかく仕上がり、口の中に入るとトロトロの状態で溶けるような食感だそうです。現在中国料理店で提供されている「蒸し鶏」の原型なのかもしれませんね。

そして清朝末期の最高権力者といえば西太后ですが、一回の食事に一〇〇名を超える料理人が、一人一～二品担当して、一〇〇種類以上の料理を、毎回提供していたそうです。

どんな料理が出ていたのか、興味を惹かれます。

しかし、こういうことを日常的に行い続けていたので、財政は逼迫して、民衆は大きな不満を持ち、役人は腐敗します。

そういう状況で諸外国から攻め込まれたのですから、国が成り立たないのは自業自得かもしれません。

とどめを刺したのは、国が立て直しをするためにお金を出して海外で勉強させていた留学生達なのですから、どうしようもないですね。

広東料理

広東料理は、香港、台湾、広州などの南側の菜系です。

高級なホテルやレストラン的な料理をイメージされる方が多いでしょうが、昔の広東料理は地元料理で、あまり洗練されていませんでした。

「本当に旨いのは、街場や屋台系の料理だ」と言われますが、それです。

そして香港好きの人は、この両極端な形態の両方とも、大好きです。

「食は広州に在り」「四つ足は、椅子以外は食べる」など、食べることが好きな人々が集まる街、それが香港なのです。

一九八〇年代に新しい中国料理と称された「ヌーヴェル・シノワ」が始まったのも、広東料理の香港からでした。

様々な食材を積極的に取り入れて、素材の味を活かす調理スタイルは、その後日本にも伝わりました。

現在、中国本土で一番ステイタスが高い料理は広東料理なので、中国の他ジャンルの料理人達が新しい試みをする時には、広東料理を意識しているようです。

広東料理は、過度に煮込まないというのが、特徴の一つです。

例えば上海料理や北京料理では、料理を一つ作る度に鍋を一枚使うので鍋洗いの担当が必要です。

一方広東料理は、料理を作った人が、料理を作る度に、鍋の前にある水道から水を流してササラを使って自分で洗うので、鍋洗い担当が要りません。

煮込むという作業工程で鍋にソースがこびりつくことが、あまりないからです。

また、揚げた料理にソースをかけて煮込んだりします。

フカヒレは、煮込みではなく、蒸籠《せいろ》で蒸し煮してから、ソースをかけます。

後からソースをかけると、大量に作っても少量でも同じ味を維持した料理ができるので、味の均一化に繋がります。

こういう工程は、宮廷料理の流れからの調理方法です。

◆横浜中華街◆

日本の横浜中華街は、広東系の人達から始まりました。

これは、中国が鎖国をしていた時代に、唯一外国の窓口をしていたのが広州だったことが、影響しています。

中国（当時の清国）を威圧していた諸外国は、日本をターゲットにしました。

貿易の交渉をするのに、通事（通訳をする人）が必要になります。

それが、すでに制圧していた広州で「買弁」と呼ばれた中国人達です。

広州の人達は、当然のことながら漢字が使えます。諸外国の言葉を覚えた人もいたので、通訳として雇い、日本に連れて来たのです。


この買弁の人達は、諸外国と日本の取引では欠かせない存在ですが、やがて日本や諸外国と直接取引をするようにもなり、力を持つようになりました。

横浜の居留地が現在の中華街になったのは、横浜で多くの買弁が活躍したからなのです。

上海料理

上海方面は「魚米之郷」と呼ばれ、米どころであり、淡水系の魚介系が美味しいと評されています。

淡泊な塩味の炒め料理には、桂魚などの河魚や河海老などを使用します。

他にも、東坡肉《トンポーロー》を始めとした豚肉料理や、糖醋肉塊《タンツウロウ》などの黒酢料理、八宝鴨子《パーポーヤーズー》、葱烤海参《ツォンコウハイシェン》等々、そして上海蟹が有名です。

点心では、小籠包《ショウロンポー》や生煎饅頭《シェンチャンマントウ》など、名菜がいろいろあります。

北京上海系

前述したように、清という国が滅んだことで、宮廷の料理人達はその職を失いますが、軍閥や貿易商など当時の富豪たちは「門外不出だった宮廷料理、皇帝の食べた凄い料理を食べたい！」と、願うようになりました。

当時、今もそうかもしれませんが、中国で一番お金が動く場所は、上海です。

ですから、オファーを受けた北京の料理人達の多くは、上海へと向かいました。

首都北京の宮廷料理の技法が上海で開放されて、それを会得した料理人が、香港や台湾を含む広州、そして日本にも来るようになりました。

それが「北京上海系」と呼ばれる現代中国料理に、繋がっていったのです。

海派《ハイパイ》

中国本土には「海派」という上海料理のジャンルがあって、各地方から上海に来た料理が「上海風になった」ことを意味します。

四川料理ならば「海派川菜《チュワンツァイ》」になります。

ちなみに海派の菜系は、海派川菜（上海風四川料理）の他に、海派粤菜《ユエツァイ》（上海風広東料理）など一六ほどあるようです。


新たなる上海料理が生まれた背景には、「魔都上海時代」があります。

蘇州や杭州、紹興などは、歴史ある町で、権力者達が住んでいました。

アヘン戦争後の条約で開港を迫られていた清国政府は、いろいろと理由をつけて、権力者たちが住んでいる町から離れた、寂れていた漁村に港を造ることに成功しました。

それが、上海です。

治外法権である上海は、居留地となり、無法地帯となりました。

諸外国人はもちろんのこと、中国国内の胡散臭い人達や犯罪者も集まるようになり、やがて上海は「魔都」と呼ばれるようになりました。

上海は、「ギャンブルや風俗、アヘンなど、殺人以外はなんでも許される」ということで、日本を含む諸外国のＶＩＰの間では、上海に行くことがステイタスになり、競って訪れていたようです。

他国や自国各地の習慣や風習が持ち込まれたことで、上海には新しい生活様式が生まれました。

料理も、これまで使ったことのない調味料や食材などによって、これまでにない味が生まれたりしました。

それが「海派」で、その後の中国料理に大きな影響を与えたのです。

四川料理

四川省は、昔から「天賦の国」と言われるほど、肥沃な地です。天気は晴れないし、湿度は高めでジメジメしている印象ですが、豊富な水源に恵まれているので、農作物が良く育つそうです。

そして、要害の地でもあります。その時の権力者が新興勢力に攻められて最終的に逃げ込むのも、四川省です。軍閥同士の勢力争いで四川閥が台頭したのも、権力者達が困って逃げ込んだことがある意味大きな「貸し」になったわけです。

文化大革命後の鄧小平氏は、四川閥です。二回ほど大きな失脚をして農民のような生活をしていたにも関わらず逆転できたのは、四川閥だったからこそなのです。

重慶

重慶市は、周時代以前から「水の要所」で、中国においては特別な地域です。

全長六三〇〇キロメートルの長江は、青海省のタンラ山脈からチベット高原、四川盆地、三峡を経て湖北省宜昌市に至るまでが長江上流です。宜昌から江西省湖口県までの中流は「荊江」と言われ、湖口から上海市の「東シナ海河口」、下流の「揚子江」まで、延々と流れています。

そして、南京や上海までの水源を管理できる場所が、重慶なのです。一九の市、省、自治区を含む、四億五千万人に影響を及ぼす大切な拠点、という背景もあります。

重慶市は、中華民国、国民党時代の一九二九年に成立して、戦時中には国民党の首都として遷都しています。

一九四九年に中華人民共和国が成立してからは中央直轄市となりましたが、一九五四年に四川省の管轄下に変更した後、一九九七年に政府直轄市、都市（戸）籍に昇格しました。中国は都市籍と農村籍に分かれていて、都市籍は国民の中でもランクが上のエリートです。直轄市とは、省と同格の一級行政区画で、上海、北京、天津、重慶の四市だけです。

そして重慶は、中国のシリコンバレーと称され、優秀な頭脳の集まる街、そして富裕層が集まる街でもあるのです。

ちなみに二〇二〇年の人口は、上海約二四八七万人、北京約二一八九万人、天津約一三八六万人、重慶は約三二〇五万人で都市籍の中で一番です。

成都と重慶

四川省の首都成都としては、管理下にあった重慶市が都市籍となったことが、面白くありませんでした。実際、成都人と重慶人は反発することが多く、よく「北京人と上海人は仲が悪い」と言いますが、それよりも仲が悪いと言われています。

まぁ人と人との関係ですから、一概には言えませんけどね。

「四川料理は四川省だ」という括《くく》りで我々は考えがちですが、四川料理には、成都「蓉派」と重慶「渝派」の二つに大別するという考え方があります。

二〇〇〇年の歴史がある成都の「蓉派」は、伝統と格式と重んじて、正統派四川料理の技法を守り受け継いている、京都のようなイメージです。

中国政府直轄市に昇格した重慶の「渝派」は、新旧のいろいろな人達、富裕層やそれに仕える人達が集まるので、料理も目まぐるしく変化していて、俄然注目されています。時代の先端を走っていて、東京のようなイメージです。

成都の伝統的技法では、例えば刺身で食べられるような新鮮な魚でも、蒸し魚にした場合は、三〇~四〇分蒸すのが正解です。しかしこの方法だと、火が通りすぎてパサパサになってしまい、せっかく鮮度がいいのに勿体《もったい》ないですよね。

重慶で始まった「江湖菜《ジャンフーツァイ》」は、素材を活かした新しい解釈をするので、一～一〇までを厳密に守るのではなく、例えば「一、三、六、八、一〇という手順でやった方がいいんじゃないですか？ どうですか？ 食べたら旨いでしょ！」というような調理方法です。

ですから、新鮮な魚ならば、蒸すのは一五～二〇分でオッケーなのです。

現代は、流通手段の発達で、昔はその地域になかった新しい素材や新鮮な食材が、手に入るようになりました。

重慶の四川料理は、正統的な技法は参考にしながらも、現代的な調理方法や新しい食材に向き合い、見栄えもインパクトがあって、様々な方々に「旨いよね！」と言ってもらえるような料理を目指していると思います。

四川料理の流行

中国　火鍋がきっかけ

四川料理が中国全土で流行り始めたのは、重慶が直轄市になった頃からと言われています。四川鍋（火鍋・正式名称は鴛鴦《オシドリ》火鍋）が流行ったことで、辛い料理が全土に広がって、四川料理ブームが始まったようです。

火鍋は昔からあったのですが、労働者が生きるために食べる安価だった鍋を、スープや食材を吟味して提供したのが、重慶です。

そのきっかけの一つに、一九九九年の中国映画「スパイシー・ラブスープ／愛情麻辣湯」があります。世代の違う五組のカップルによる恋愛オムニバス映画で、当時世界中で人気となった「タイタニック」と中国では同レベルの興行収益となるほど、大ヒットしました。

この映画に火鍋を食べるシーンが出てきて、それを見た若者達からの「美味しそう！」「食べたい！」という支持を受けて、急速に火鍋が普及したのです。

重慶の都市籍昇格となった時期に四川料理がクローズアップされてその後にブームとなったのは、辛い料理に対する目覚めや、健康志向的には新陳代謝を活発にする効果などがありましたが、政治的背景も影響していると思います。

また、中国は広いので、一度ブームに乗ると二〇年位のスパンで広まるそうです。

今、四川料理は、流行りから定番への流れになっていると思います。

例えば麻婆豆腐は、四川料理専門店だけでなく、広東料理店でもあります。

それは辛味や痺れだけでなく、いろいろな味の入った旨味のある辛さです。

上海系では、綺麗な仕上げと淡泊でアッサリとした味付けを特徴とした「淮揚菜（淮揚料理）」が有名ですが、現在では辛い料理も取り入れるようになりました。

山東系の北京ダック専門店にも、四川料理のメニューがあります。

専門性を守り続けるか、いろいろな料理が楽しめるようにするのか、今は大きく二つに分かれていると思いますね。

日本

日本では、「四川飯店」創業者であり中華の神様と呼ばれた陳建民氏とその仲間達の影響が大きいと思います。それまで日本の中華には、辛い料理がありませんでしたから。

しかし、一番大きいのは時代背景だと思います。

陳氏が、味の素のクックドゥ、丸美屋、永谷園などのレトルト食品や冷凍食品にレシピを提供したり、全国的に有名になったＮＨＫテレビの「今日の料理」に出演したりしていたことも影響しているのでしょう。また、百貨店「そごう」の水島社長が四川飯店の大ファンなので、デパートが開業すると四川飯店が一緒に出店するようなパターンもありました。近鉄グループのレストランや都ホテルも、同様です。

陳氏は、いろいろな出店の相談にものっていて、最初の頃はまだ国交回復していなかったので台湾経由になるのですが、その後は中国本土からも、料理人をどんどん日本に招聘していたそうです。

そういういろいろな要素が重なって、中国料理のジャンルで四川料理がクローズアップされていきました。

時流に乗ったことで、違うジャンルでも辛い料理を取り入れるようになり、いつの間にか四川料理が日本で定着したのだと思います。

ホテルや街場の中国料理店や、町中華と呼ばれる二〇名以下の小規模な店でも、日本人が食べられるようにアレンジして、提供していました。

◆四川フェス◆

最近は本場の中国料理をそのまま提供するガチ中華（詳細は後述します）が流行っていますが、その前に「麻辣ブーム」というのがありました。

その火付け役と言われているイベントが、四川フェスです。

仕掛人は、中国料理の料理人やサービス人でもなく、ましてや料理店の経営者でもなく、ただただ四川料理が大好きで、「この素晴らしさを、もっと多くの方に知ってもらいたい！」という熱い思いから二〇一二年に脱サラした、中川正道氏です。

同年単身四川省へ行き、二〇〇店舗以上のお店に、アポなし取材を敢行しました。

二〇一三年には、四川料理に特化したホームページ「美味四川／おいしい四川」を開設しました。

翌年二〇一四年に出版した『涙を流し口から火をふく、四川料理の旅（KanKan Trip）』（書肆侃侃房）は、その内容の素晴らしさが伝わり、多くの四川料理人や四川料理マニアが購読するようになりました。

二〇一六年には、四川料理に詳しい達人として四川省から招待され、「四川料理の専門家」として四川省から公認されました。

この年に、幹事長に羊齧《ヒツジカジリ》協会主席の菊池一弘氏と麻辣連盟を発足し、四川フェスの運営母体が誕生したのです。

今や四川フェスは、中国料理業界注目の大イベントです。

二〇一七年四月は、中野セントラルパークにて開催されました。一日で二万五千人を集客し、出店した一三店舗の商品は売り切れとなるほど大盛況でした。

〈四川フェスに出店した主な有名店〉

・日本で四川料理を広めた総本山は偉大なる父、故陳建一氏の遺志を引き継ぎ三代目として活躍している陳建太郎氏の「四川飯店」。

・現役日本人で唯一本場四川省成都の名門派閥である中国川菜松雲門派技藝傳承人として公認された井桁良樹氏の「中國菜 老四川 飄香（ピャオシャン）」

・日本国内外から厳選された食材が集まる〝江戸〟で旬の食材を使い中国料理に仕上げる江戸中華を手掛ける山野辺仁氏の「銀座 やまの辺」。

・中国料理界のレジェンド二人、安川哲二氏と近藤紳二氏に師事し、中国に伝わる「医食同源」をテーマに、化学調味料を一切使わず、薬膳を取り入れた中国料理を西荻窪で提案している早田哲也氏の「仙の孫」。

・香川の巨匠早坂松夫氏が立ち上げた「麻布長江」で一〇年間修業して引継ぎ、オーナーシェフとなった田村亮介氏は「麻布長江・香福筵」として参加。現在の田村氏は二〇一九年に青山でオープンした「慈華 itsuka」で、化学調味料を一切使用しないという方針を変えずに、腕を奮っている。

・一九八八年に留学生として来日し、一九九五年に赤坂で「湧の台所」をオープン、その後店舗数を増やし、都内で七店舗を経営する陳龍湧氏の「陳家私菜」。

この大成功を受け、四川フェスは継続的に開催されることになります。

二〇一八年は、新宿中央公園にて四川フェスを開催しました。二日間の動員は、なんと六万五千人以上だったそうです。この時に取材協力した日経ＭＪで「マー活」という言葉が生まれ、二〇一八年夏に麻辣ブームが到来しました。

二〇一九年も、新宿中央公園で開催し、二日間で一〇万人動員しました。

二〇二〇、二〇二一年は、コロナ禍となりましたが、全国六二店舗が参加しました。

二〇二〇年は、オンラインで「ラー油で日本を赤く染める四川フェス二〇二〇」を開催しました。

二〇二一年は、四川フェスのスピンオフ企画で、日本全国の麻辣商品が集結する四川料理の祭典「麻辣グランプリ」を開催しました。

二〇二二、二〇二三年の四川フェスは、中野セントラルパークで開催しました。

二〇二三年は、四川フェスプレゼンツ「ウエノデ．パンダ春節祭」も開催し、三日間で一五万人を動員しました。

二〇二四年は、やはり中野セントラルパークで二日間開催し、合計六万人、五万食を提供して、益々盛り上がっています。

二〇二五年はどうなるか、乞うご期待です。詳細は、「美味四川」を検索してください。

◆中国料理教室◆

日本初の中国料理専門学校が、東京・恵比寿で開校されたことをご存知でしょうか。

恵比寿中国料理学院は、一九六六（昭和四一）年に中華の神様と言われた故陳建民氏によって開校しました。

二四年間に一万五千人の卒業生を輩出するほど相当な規模で、本科、専門研究家、師範科、職業科、高等科に分かれています。

講師は、息子で鉄人の故陳建一氏をはじめ「四川飯店」の各料理長クラスで、生徒から講師になった方では、後に渋谷神泉で一世を風靡する「文琳」の河田吉功氏などがいます。

夏期講習では、ホテルの料理長が講師となり、プロの料理人も受講していたそうです。

生徒の大半は主婦でしたが、凄い方々の奥様達だったようです。

料理研究家の方々も通っていましたし、ここを卒業して中国料理研究家になられた方もいるそうです。


ではなぜ、料理学校を開校したのでしょうか。

陳建民氏は、四川飯店を創業した頃から、毎月系列店の弟子達を集めて、誕生会をやっていました。

しかし、陳氏が当時中国から招聘した同僚は直弟子と呼ばれるようになり、日本人の直系弟子や孫弟子、ひ孫弟子が活躍して、店や顧問先が増えていくと、誕生会に集まる人数も膨れ上がってきて、費用も毎回結構な金額になっていました。

そこで「それを使わないで貯めたら、どうなるだろう?」と試算したら、かなりの金額になることが分かりました。

「それなら日本で商売をさせて頂いているのだから、その費用で何か還元したい」という感謝の気持ちから、「中国料理を広めるために、学校を作ろう!」となって、本格的にお金を貯めて、開校の運びとなったそうです。

陳建民氏は、中国料理に携わり日本に広めた功績を国から認められて、中国料理界だけではなく、飲食業の料理人として初の「現代の名工」を受賞しています。

その後、和食や洋食などの別ジャンルの料理人や、中国料理界で活躍された重鎮達も、表彰されるようになりました。

やはり陳氏は凄い方です。

ヌーヴェル・シノワ

一九七〇年代にフランスで始まった「ヌーヴェル・キュイジーヌ」のきっかけの一つに、実は日本が関係していました。

一九七〇年に日本万国博覧会が大阪で開催され、フランス料理の巨匠であるポール・ボキューズ（一九六五年ミシュラン三つ星、その後もずっとミシュランの星を獲得している）が、来日しました。

彼は、懐石や京料理など色鮮やかで素材の味を活かした日本食に感銘を受け、これまでの形式にとらわれない新しいフランス料理「ヌーヴェル・キュイジーヌ」を確立していったのです。

一九八〇年代、香港の中国料理業界でヌーヴェル・キュイジーヌを取り入れた筆頭が、ハイアットリージェンシー香港料理長の周中氏です。「ヌーヴェル・シノワ　新しい中国料理」が始まり、「フルーツと中国料理の出会い」というイベントも開催されていました。

それは、これまでの調理方法や工程にとらわれず、食材の味を活かして、大皿ではなく個人盛りで、少人数でも楽しめる料理です。

◆町場のヌーヴェル・シノワ？◆

そもそも、町場の料理や調理方法はどうだったのでしょうか。

上海旅行で寧波の夜食で屋台に行った時は、汚くて不衛生感満載でした。

皿やグラスは、縁が欠けてギザギザです。

紙ナプキンがグラスに入って出てきますが、実はグラスや皿を拭くために使うのです。

「凄い所に来たな。おいおい、食い物大丈夫か？　ちょっと食べるの、やめようかな」と思っていたのですが、出てきた料理を恐る恐る食べてみたら、「結構旨いじゃん！」とびっくりしました。

豚の脳味噌が出てきた時には「さすがにヤバイかな」と思いましたが、日本でそれまで食べていた料理が美味しかったので、これも恐る恐る食べてみたら、凄く旨かったです。

調理方法的には、炒めるだけ、湯引きするだけなどで、とてもシンプルです。

素材の味を活かした調理方法で、「これも、ヌーヴェル・シノワ的な料理と通じることになるのかもしれない」と、思いました。

日本のヌーヴェル・シノワ

日本でのヌーヴェル・シノワの始まりは、三〇年以上前に遡ります。

その後、ヌーヴェル・シノワを名乗るお店は増え続けて、現在では四川、広東、北京、上海などのジャンルにも、ヌーヴェル・シノワ的な料理が含まれているように思います。

ですからヌーヴェル・シノワとは、中国料理の各体系を「今の時代に適したスタイルに進化させる」形態というか刺激なのかもしれませんね。

一つ懸念があるとしたら、あれもこれもと取り入れた結果、「中国料理と日本料理や西洋料理のジャンルに、境目がなくなってしまうのではないか」ということです。

本来の美味しい中国料理がいつの間にか消えてしまうことがないよう、願うばかりです。

かつて一世を風靡した青山の名店

日本のヌーヴェル・シノワの先駆けの一つと言われていたのが、青山紀伊國屋の後ろにあった隠れ家的一軒家レストラン「中国厨房　オウ・セ・ボヌール」です。

「香港で流行っているスタイルの店を、東京で始めよう」と、一九九二年にオープンしました。

店を始めるにあたり、オーナーの一人は一年ほど香港に住んで、ヌーヴェル・シノワスタイルの店や様々なレストランを食べ歩いて、食材や調味料なども含め、いろいろと勉強したそうです。

店を切り盛りしていたのは、伝説のサービスマンと称されるS氏でした。

料理は、現在も赤坂で活躍されているA氏が手掛けました。

当時、最先端を走っていた店なので、現在も活躍されている有名店の料理長やオーナーシェフはもちろんのこと、様々な業種のＶＩＰや芸能関連の方々が来店され、連日賑わっていました。


私は、ちょっとしたご縁があり、一か月ほどお仕事させて頂きました。

料理は、完全コースで、全て個人盛りです。

ドリンクは、瓶出しの老酒をいち早く取り入れ、中国料理にシャンパンやワインを合わせて提案し始めた店の一つでもありました。

現在は閉店しましたが、とても勉強になりました。

赤坂で続く、ヌーヴェル・シノワの老舗

この当時のヌーヴェル・シノワを今でも食べられる店は、先ほどのA氏が現在料理長として腕を振るっている、赤坂「メゾン・ド・ユーロン　酒家遊龍」です。

全てコースになりますが、こちらの特長的料理は前菜の「錦糸クラゲ」、ここでしか食べられない「黒いフカヒレ姿煮」、そしてとてもクリーミーな「担々麺」です。

季節限定の上海蟹は、メスの卵にオスの白子は当然の蒸し蟹で、更に上海蟹卵味噌料理など本格的な料理が楽しめます。

そして〆の杏仁豆腐は、今でこそ柔らかいプリン系が中国料理店で主流ですが、それを日本で始めた店の一つが前述の「オウ・セ・ボヌール」で、それを作っていたのがA氏なのです。

A氏は炒めの達人と言われていますが、それは「火力をしっかり使って、少量を炒めることは、とても難しい」からです。

コースの炒め料理や炒飯は、素晴らしい仕上がりです。

ご機会があれば、ぜひ赤坂でA氏の職人技をお楽しみください。

脇屋友詞シェフ

脇屋友詞氏も、日本にヌーヴェル・シノワを広めた第一人者の一人です。

今は亡き、日本四川料理界の総本山「四川飯店」グループ二代目オーナーシェフ、料理の鉄人、日本中国料理協会前会長だった陳建一氏の遺志を、朋友として引き継ぎ、日本人初の日本中国料理協会の会長となられました。

アイアンシェフではMrパーフェクトであり、「トゥーランドット」グループのオーナーシェフです。斬新な発想とバイタイリティ溢れる行動力で、魅力的な料理を提供し続けて、日本の中国料理界を牽引しています。

私は、一時期脇屋シェフとご一緒にお仕事をさせて頂いたご縁があり、今もお会いした時はご挨拶させて頂いています。

臥龍

「臥龍」とは、三国志の英雄諸葛亮孔明が世に出る前の号で、溢れる才能がありながら、世に出ず隠れている人を指します。

脇屋氏が臥龍だったのは、赤坂の山王飯店時代です。いや、中学を卒業して、親元を離れてすぐ厨房入りしたので、まだ臥龍ではなく「幼龍」だったと思います。

様々な苦難や経験を得て、少年は青年となり、やがて臥龍となるきっかけは、ザ・キャピトルホテル東急（旧東京ヒルトンホテル）「星ヶ岡」で三番手位の時でした。

常連のお客様から「立川でホテルをやりたいんだけど、中国料理もやりたいんだよね。誰かいないかなぁ？」と相談を受けた脇屋氏は、いろいろ人探しをしたものの、適任者がなかなか見つかりませんでした。その一生懸命な姿勢を見たお客様から、「いっそ、君がやらないか？」と依頼され、熟慮の末、この話を受けることにしたのだそうです。


伝説の立川リーセントパークホテル「楼蘭」は、こうして始まりました。

やがてレストランは高評価となり、ホテル内で発言権を得た脇屋氏の提案で、洋食主体だった婚礼や宴会も、中国料理が仕切るようになりました。

お客様が殺到するため、レストランは常に満席で、急遽宴会場を開けて客席を増やして営業するほど、大盛況でした。


大人数の料理を仕切るには、仕事のできる料理人が必要となります。

新宿御苑や青山、日比谷で展開する「礼華」の新山重治氏、銀座「麒麟」の松島徹氏、木更津と鴨川の「中国料理・東洋」の池上禎雄氏などのレジェンドは、この時のメンバーです。兄貴分は脇屋氏で、立川四天王と呼ばれていました。

ちなみに現在は引退されましたが、リーセントパークから脇屋氏と共にＷａｋｉｙａグループを育てた杉山支配人は、私の母校誠心調理師専門学校の先輩で、今も親しくお付き合いさせて頂いています。

その頃、テレビなどによく出演されていた料理評論家の山本益博氏に「料理の鉄人」に推薦されて、フレンチの鉄人、坂井宏行氏と対戦することになりましたが、惜しくも敗北しました。

しかし、このテレビ出演が、その夜の食事会に合流した初代フレンチの鉄人石鍋裕氏との出会いに繋がりました。

やがて脇屋氏は、石鍋氏の西麻布「クイーンアリス本店」の一部で中国料理を提供したり、他のホテルの料理人とコラボで共演したりと、臥龍が目覚め始めたのです。

脇屋氏と中国料理の厨房は多忙を極めていましたが、リーセントパークホテルは宿泊の集客力が弱く、やがて土日祝日は宿泊をお休みするようになり、ついにホテルは閉館することになりました。当然レストランも閉店です。

しかしその頃には、脇屋氏に様々なオファーが入るようになっていました。

石鍋氏とのコラボが大好評だったので、横浜で開業するパンパシフィックホテルの中国料理を仕切る話も、舞い込んできました。


立川のレストランへ行く決断をする過程で個人盛りを意識するようになり、石鍋氏との縁でヌーヴェル・シノワスタイルを意識し始めた脇屋氏のオリジナル料理が確立したのは、ヌーヴェル・シノワが日本で出始めてから一〇年ほど経ってからでした。


そして臥龍は「昇龍」となり、自分の思い描くまま、縦横無尽に駆け巡り、現在に至ります。

脇屋氏のフラッグシップ店は、赤坂「トゥーランドット臥龍居」です。

この店で働く新たな臥龍達は、昇龍によってその才能が磨かれています。

そんな臥龍達の棲家から、新たなる昇龍がこれからも誕生するのでしょうね。

ガチ中華

ガチ中華と称される店が、一〇年位前から増えました。

近年は、テレビや雑誌で取り上げられることも多くなってきました。

中国資本が結構入っていて、最近では世界進出しているチェーン店も日本に来ています。

このガチ中華を支えているのは、日本に在住している中国人の学生や社会人の方達です。

「値段が手頃で、量が多く、あくまでも中国人向けにオリジナルの味を提供している」というのが共通点で、最近はお客様の収容規模が一〇〇名ほどの店舗が多いと思います。

日本での経営が長くなると、日本人向けに量を減らしたり辛さを抑えたりしている店もありますが、基本的に流行っている店は中国人向けのままでやっています。

それだけ日本に中国人が多い、ということなのでしょうね。

日本に中国人がどれだけいるのかを調べてみたら、令和五年一二月時点で約八二万人でした。これは日本で暮らす外国人ではナンバーワンの人数で、日本に住む外国人の割合としては二四パーセントを占めています。

日本の総人口が令和五年一〇月時点で約一億二四三五万二千人なので、全体としては約〇・六五パーセントですが、令和五年一一月時点での外国人を含む東京都全体の人口は約一千四百万人で、東京都に住む中国人が約二五万人なので、約五・八パーセントを占めていて、その人口は年々増加しています。

日本にいながら、日本語が必要のない状況も、増えてきているようです。

お店の場所

池袋はチャイナタウンのような様相となり、「ガチ中華が流行っている」と言われていますが、流行りではなく、定番化しているのが現状です。

上野は、ガチ中華が増加しています。四川系の火鍋や辛い料理だけでなく、羊肉を中心とした東北料理や肉付きのペキンダック店、広東の焼味《シュウメイ》を中心とした居酒屋、香港飲茶に高級料理の淮楊菜等々、様々な中国料理ジャンルが出店して、しのぎを削っています。

私の職場も上野ですが、来店するお客様の八〇パーセントが中国人です。

上野は、三〇代を中心とした層に、外食（接待ではなく、通常の食事や仲間達との会食など）の場所として、人気です。

都心部、そして千葉や埼玉方面からも集まりやすいからだと、思います。

経営者

これまでの日本は、町中華や中国料理店が主体でした。

町中華は、麺飯や定食、焼き餃子などを主体とした、個人経営で小規模店舗です。

その小規模店舗で修業をした人達を、のれん分けとして、同名の店舗で独立させました。

最初の店を出した経営者が製麺所を作り、独立した店に仕入れをさせるシステムで広まった店もあります。

中国料理店は、中～大規模店舗で、多くは中国人経営者です。


明治時代、神田、神保町では、中国人留学生を多数迎え入れました。

そのため床屋や勉強道具、衣服など日本での生活が不自由しないように、留学生を対象とした店が増加しました。飲食店は、「揚子江飯店」や「維新號」、周恩来氏が自伝で世話になったと記している「漢陽楼」などです。


中国料理店経営者の第一期は、東京で成功した店の経営者達で、日本に帰化した人も数多くいます。この人達が、商売の成功で不動産を持つようになって、足場を固めました。

第二期は、その子供や孫達と、戦後からバブル期に来日して成功した人達です。

ここまでが、華僑と言えるようです。


第三期は、新華僑と称される人達で、日本で正業を持ちながら、飲食や不動産事業でも成功した人達です。

そして現在は第四期で、新華僑に含まれるようですが、中国本土で貿易や金融、小売業、ＩＴ産業など安定した正業を持っていて、日本では不動産や飲食事業なども手掛けている人達です。

第四期の経営者は、日本でも知名度の高い、利回りが良い土地に出店しています。

東京なら、一番は銀座です。新宿は、コロナ禍の影響が直撃したので、復活まで時間がかかりました。渋谷や原宿は、比較的単価が安いので、敬遠されるようになりました。

ということで、今は銀座や東京駅周辺などに、人気が集中しています。

そういう所に出店できる人達は、中国本土の国や自分の出身した省や市などから資本を引っ張って、大規模店舗を展開しているという側面もあります。

中国の大規模飲食店グループである「海底撈火鍋」「Helen's bar」「Cotti Coffee」「全聚

徳」「民福北京烤鴨店」「中国茶房8」等々、多数日本に出店しています。

逆に日本で長く生活している人達は、そういう融資を多額には受けられないようです。

この傾向は今後も増えていくと、言われています。

第2章　料理

話したくなる話題

料理のことを知ろうと思う時、提供している食材や作り方を勉強することは大切です。

しかし、それだけでいいのでしょうか。

「なぜ、こういう名前がついたんだろう?」とか「この調味料は、いつから使われるようになったんだろう?」という疑問を持って調べてみることも、とても大切です。

特に、その料理が生まれた時代背景や歴史は、重要な要素となります。

そしてそれは、自身の知識となり、話題となります。


何かを知ると話したくなるのが、人情です。

そしてそれを話すことで、「どのように話したら、相手に伝わるか」を、考えるようになります。

接客のスキル向上に繋がりますね。

そこでこの章では、料理の話題を、いろいろな側面からご紹介したいと思います。

今はインターネットで検束するとたくさんの情報が得られるので、それらも上手く利用して、自分の知識向上に役立ててください。

◆旬の食材◆

歳時記で考えていくと、食べ物の時期はちゃんとあります。寒くなる前の時期には暖を取るために豚肉を食べる、冬場は野菜なら根菜類をしっかり食べる、暑い時期は涼を取るために瓜系を洗ってそのままかじるなど、旬の食材を食べる理由や時期は、日本も中国もあまり変わりません。

北京オリンピック後に日本中国料理協会のツアーで中国に行ったのですが、どこのホテルに行っても、大体同じメニューでした。

お任せ料理にすると、その時期のベストのものを出してくれますが、「食材はその時期に出回っているものが美味しいし、それを使う場合はこの料理方法がやっぱり美味しい」ということになるからです。

前菜

中国の普通の宴会料理では、前菜は一皿に一種類で、それが何皿も出ている感じです。宴会の格が上になると、綺麗に飾られた冷菜の盛り合わせ「拌盤《ピンパン》」が出てきます。これはワンランク上の技術力で、「そういう腕を持った料理人が、当店にはいます」というアピールです。

日本の一般的な食事では、大皿に盛り合わせた場合も、少なくないですね。オードブルには、「コース料理以外のもの」という意味があり、コースの冒頭に出ても、最初に食べきらなくてはいけない、というわけではありません。

今は西洋料理のコースのように、先に食べなくてはいけないような風潮になっていますが、これは店側が効率良くするために、マナーと称して、出て来た料理を順番に食べるという仕組みを作ったからです。

中国料理は、個人盛りではなく、大皿から自分で取り分けるので、出て来た順番通りに食べなくてもかまいません。

むしろ、塩味と醤油味、炒め物と揚物などを、あれを食べたらこれを食べて、そっちをちょっとつまんだらこっちをまた頂く、というように自由に食べられるのが、中国料理の良さです。また、前菜を箸休めや口直しなどに利用したりすることで、料理と料理の間が持てるようにもなります。

辣白菜《ラーパーツァイ》

白菜の酢味付けです。甘酢漬けで、ちょっと唐辛子が入っていて、さっぱりしています。

干絲《ガンスー》

干し豆腐（乾燥した豆腐）を戻して、細切りにして提供します。ガチ系では大定番です。淡泊であっさりしているので、スパイシーな料理に合わせて食べています。

土豆絲《トートースー》

ジャガイもの細切りで、前菜や炒め物で提供されます。
じゃがいもは中国全土で食べられていて、家庭料理のイメージです。

海蜇皮《ハイジョッピー》

クラゲは、上等なもの、細いもの、固いもの等々、いろいろあります。
中国では、クラゲの頭で、塊になっているものを、好んで食べます。
ですから日本では、残っている部分を細切りにして食べているのだと思います。

スープ

正式な中国料理のコースは、羹《あつもの》系のスープから始まります。

羹系ですから、とろみがあるスープです。

サラサラしたスープでないのはなぜかというと、羹系はしっかりと胃に留まって温めるので、「これから食事が始まりますよ」というお知らせが胃に伝わって、食欲の増進や消化の促進に繋がるからです。

中国本土には、冷たいスープは基本的にありません。

広東系では、洋食の影響から夏場などに出している店はあると思いますが、全部ではないと思います。


上湯《シャンタン》は、澄んだスープの最上級です。

白湯《パイタン》は、濁ったスープの最上級です。豚系です。

清湯《チンタン》は、店で通常使う基本のスープです。

中国人的には、「一菜一汁」が食事のパターンなので、スープは欲しいと思います。

今日本にいる中国人に好まれている食事は、日本の美味しいご飯と食べたいガチ中華のおかず、そしてスープです。

日本人にとってのご飯と焼き魚とお味噌汁みたいな感じなのかな、と思います。

ですから中国人は、アラカルトでも、スープをよく注文しています。

日本の町中華ではそこまで多く注文されることはありませんが、ガチ中華では注文を受けることが珍しくありません。

小サイズでも、スープボールに六杯位取れます。全部飲むのかなと思いきや、さすがに二人で来ていたら残しています。持ち帰る人もいますけどね。

今まで中国人だけが調理している店に三軒勤めていますが、夜のまかないはどの店でも「一菜一汁」でした。

◆卓袱《しっぽく》料理のお吸い物◆

長崎の卓袱料理は、中国料理から多大な影響を受けています。酒席にもかかわらず、酒を飲む前に、鯛の尾鰭《ひれ》が入ったお吸い物から始まり、「尾鰭をどうぞ」と勧められます。

高級宴会では、一椀に一尾鰭のお吸い物を提供していたそうです。鯛に尾鰭は一つしかないので「どれだけ多くの鯛を使って、もてなしているのか」という、お客様への気遣いが伝わります。

今のお吸い物の具材は、尾鰭に限らず多種多様化していますが、卓袱料理を名乗る老舗は、宴席でお酒などを飲む前に、「尾鰭をどうぞ」とお吸い物をお客様に飲んで頂くことが、習慣として残っています。

これも、中国料理的な医食同源、温かいものを身体に入れて胃を刺激して、食欲の増進と消化の促進に繋がる食事スタイルです。

フカヒレスープ

フカヒレを使ったスープは、日本人に一番人気で、コースに入っていると、それだけでご馳走感が増しますね。

フカヒレに関しては、頭菜《トウツァイ》の項で詳述します。

蟹の卵味噌スープ

フカヒレスープを更に高級品にするために、旬の食材と合わせます。

蟹の卵や味噌をしっかり使用するのは、広東料理系です。

カザミという種類の新鮮な活蟹を、提供する前にバラして、一椀のスープに蟹一杯の身や卵、味噌を使用します。

当時中国料理界で日本一と評された銀座「福臨門」の蟹卵味噌入りフカヒレスープは、逸品でした。スープなのに、姿煮用のフカヒレを食べやすいようにわざわざバラして、贅沢に使っていました。そのため、フカヒレの繊維が太いのです。

お値段は、一杯一五〇〇〇円。濃厚な蟹の風味と極太の繊維のフカヒレは、極上の味でした。

◆フカヒレラーメン◆

株式会社中華・高橋は、中華食材、特にフカヒレをメインとした中華専門総合会社で、七〇年の歴史があります。

中華・高橋の創業者と仲の良い料理人がいて、「フカヒレ専門のお店を出そうよ！」という話になりました。

フカヒレは姿煮用の排翅《パイツー》だけでなく、バラバラの散翅《サンツー》も上質です。ですから「お前のところにフカヒレを提供するから、これでラーメンとか丼をやったらどうだ」という流れで、一九七八（昭和五三）年に恵比寿で創業したのが、フカヒレ専門の「中国料理・筑紫樓」です。

魚翅湯麺《ユーツータンメン》（フカヒレつゆソバ）は、当時出していたホテルや高級中国料理店も少しありましたが、結構いい値段がしました。

筑紫樓では一人前二〇〇〇円代という良心的な値段で始まりました（今は上がっています）。ランチが八〇〇～一〇〇〇円位の時代ですから、この値段ならば大歓迎です。たちまち話題の店となり、店舗展開が始まりました。

ラーメンや丼に特化したことで、回転も凄いです。

フカヒレにしっかり味付けをしていて、こってりしていますが、水溶き片栗粉はあまり使用していないそうです。

食べると排翅の原鰭《ゲンビレ》（後述）で煮込んだように、口元がパリパリになります。

まさに料理技術の賜物です。

コロナの影響もあって店舗数は少なくなりましたが、現在は良質の料理を提供する老舗高級中国料理店となりました。

気仙沼では、フカヒレが定番のご当地メニューになっていて、公式観光情報サイト「気仙沼さ来てけらいん」でも、フカヒレラーメンやフカヒレ丼が紹介されています。

今でも地域振興に貢献しているようです。

頭菜《トウツァイ》

メイン料理は、「大菜」といいます。

中国本土的な正式コースメニューでは、前菜が何品も出て、羹系スープが出た後は、「大菜二品の次に点心」という三品セットが何度か続いて、合計で一五〜一六品の構成になります。


頭菜は、大菜の筆頭となる料理です。

そして頭菜に何を出すかで、その宴席の格が決まります。

頭菜に成り得る食材は高級で、代表的なものは乾物「乾貨」です。

燕窩《イエンウォ》（ツバメの巣）や干鮑《ガンパオ》（あわび）、魚翅《ユイチ》（フカヒレ）、海参《ハイシェン》（ナマコ）、魚肚《ユイドウ》（魚の浮き袋）などがあります。

フカヒレ

日本では、頭菜の代表格は「フカヒレ」です。

そしてフカヒレといえば、やはりトロトロに仕上がった姿煮になります。

中国には「海の暴れん坊である鮫を喰らうことで、自分も強くなる」という思想もあって、明代に食べ始めたようです。

もともとは乾物ではなく、鮫の肉なども一緒に煮込んで、更によく煮込んで、食べていました。

明の末期頃には、乾物にして使用するようになりました。カロリーを抑えられて、栄養価が高くなり、保存状態も良くなり、軽くて持ち運びが楽になるからです。

この乾物に加工した状態（皮などが付いたまま）が、原鰭です。

原鰭を戻すには、煮込んで冷ます作業を一～二週間行うので、手間が大変です。

加えて、戻し始めの頃はもの凄く臭い、という問題もあります。臭いが広がるので、住宅地では近隣から苦情が出てしまいます。

そこで現在は、この原鰭を戻して冷凍や缶詰にされているのを扱うのが、一般的になりました。

私もいろいろなフカヒレを頂いていますが、ホテルニューオータニの前にある老舗中国料理店「赤坂維新號」のフカヒレ姿煮は、別格でした。

随分前になりますが、中国ＶＩＰに招待されて、伺いました。

上海料理ですから、白湯ベースの味付けで、フカヒレの身をスープと共に頂くと、口のまわりがパリパリになって凄かったです。これぞ、本物の味でした。

当時は「原鰭から戻したフカヒレを都内で食べられるのは、赤坂の維新號だけ」と言われていました。缶詰や冷凍は割とアッサリと仕上がりますが、あの濃厚さは原鰭ならではの美味しさでしたね。


フカヒレといえば気仙沼という印象がありますが、「気仙沼は鱶《フカ》の鰭《ヒレ》を高く買ってくれる」という情報が広まったので、ヒレを売るために来港する船が増えたようです。

気仙沼では、ヒレだけではなく、全体を加工して使用します。身の部分はスリ身にして、カマボコなどの材料にしています。

ですから日本では「ヒレだけを取って、他は捨てる」という行為はしていません。

他国の漁船が、勝手にヒレだけを持って来てしまっていたようです。

◆シャークフィニング問題◆

現在、シャークフィニングという世界的な問題があります。

そもそも鮫は、別の魚を獲る目的で行った漁で、たまたま取れた魚です。

そして、凄く重いので、網が破れてしまいます。

そこでヒレだけを取って放す「フィニング」という漁法が、横行しました。

しかし、鮫は当然死んじゃいますよね。

すると「なんて残酷なことをしてるんだ!」と、アメリカを中心に世界中から糾弾されて、大問題になりました。

結果、中国政府は二〇一二年と二〇一三年に「公的な宴会等で、フカヒレを提供したり、食べたりしてはいけない」と、公式な声明を発表しました。

今も「外資系のホテルや中国政府関連の公的宴会では、フカヒレは提供していません」、と言っています。

しかしながら、公的ではない宴会やレストランでは裏メニューがあって、日本の中国料理店では普通に提供しています。

◆海禁策◆

俵物とは、江戸時代に長崎貿易で中国（清）向けに取り引きされていた乾物で、フカヒレ、ナマコ、アワビは俵物三品と呼ばれ、ホタテ（干し貝柱）なども扱われていました。中国は明清時代に鎖国をしていたので、これらの海産物はなかなか手に入らず、日本からの輸入に頼っていたのです。

しかし、国が鎖国を徹底しようとしても、なかなか難しかったようです。

例えば福建省は、海のシルクロード（海上交易路）の一端を担っていて、マルコポーロの時代に東洋一の港と評されるほどの防衛機構重要拠点でした。しかし当時、上海から福建省に行こうとすると、陸からの山越えは峻厳過ぎて、海を通って行くしかありません。

重要拠点であるにもかかわらず、管理監督の難しい場所だったのです。

中央からの統治を無視した民衆は、やがて海賊となり、勝手に他国に出向いて、取引を始めてしまいました。

結果として裕福になるので、益々中央からの指示を無視するようになりました。

統治する国としては、討伐したり、官僚を置いたりしましたが、ついに「海産物を取ったり、船を使用するのは原則禁止、どうしても必要な場合は国からの許可が必要になる」

という「海禁政策」を発令したのです。

明から清の時代まで鎖国をしていたので、船の開発や技術は、全然進みませんでした。そのため欧米各国に乗り込まれて、清国の滅亡に繋がり、日常的に使用する海産物が更に手に入りづらくなりました。手に入る場合は、政府の高官を通すことになるので、上乗せされて凄く高くなるわけです。そういう流れが、中国にはずっとありました。

それでもフカヒレは、原始的な思想や乾物の簡便化があって、人気が伸びていきました。

その需要を満たしてくれる場所として選ばれたのが、日本です。

ただし、公的ではなく、民間レベルで、交流が始まりました。

中国から乾物にするための加工技術を指導する人が来日して、海産物の宝庫である北海道の函館などが拠点となっていきました。

こうして、日本の乾物が中国に輸出されるようになったのです。

現在でも日本産の乾物は高級品で、同じ品質なら、中国で食べるより日本で食べた方が安いようです。

アワビ

中国では「無鮑不成席」（アワビなしでは宴席が成立しない）という言葉があるほど、アワビは貴人を招いた豪華な宴席に欠かすことのできない食材です。

中国の逸話では、始皇帝が九つの穴が貝殻にあるアワビを不老不死の妙薬として求めていたとか、楊貴妃が美貌を保つためにアワビを常食していた、などと言われてます。

中国でアワビの調理としては、日本のようにコリコリとした食感を楽しむというよりは、柔らかい状態でシャクシャクした仕上がりになります。

「鮑魚《パオユイ》」は、干していないアワビです。「包余」（鞄の中はお金がどっさり）と音が同じということで「めでたさ」の象徴でもあります。

洗ってスライスして前菜にしたり、醤油や塩味などで炒めたり、煮込んだりします。

「乾鮑《ガンポウ》」は、干したアワビです。

しっかりと戻して蒸してソースをかけたり、丸ごとを煮込んで提供します。

高級食材としては昔から大切にされているアワビですが、フカヒレ同様、明清時代に

「海禁政策」が行われていたので、前述したように日本から俵三物の一つとして輸入していました。日本製の海産物は、俵三物も含めて品質が良いので、現在も高級品として取引は続いていています。

中国では、アワビの養殖技術が年々向上していて、それに伴って養殖規模が拡大し続けています。

二〇二三年一二月、中国は世界最大のアワビ養殖大国となり、年間生産量は二〇万トンを上回って、世界のアワビ養殖量の八五パーセント以上を占めているそうです。

その結果、中国産アワビの価格は年々低下しています。

そして、アワビの消費国としても、世界一になっています。

中国産アワビの品質が向上した場合、日本のアワビ産業も影響があるかもしれませんね。

二〇二三年一〇月、福島第一原発の処理水問題で中国が日本産の水産物の全面禁輸の措置をとったことで、ナマコやアワビなどの海産物が行き場を失って値崩れを起こしていて、二〇二四年一二月現在でも、それは続いています。残念です。

ナマコ

乾物の戻し方は、難しいし、手間がかかります。

乾燥ナマコは五センチ位ですが、一〇日ほどかけて戻すと、二〇センチ位まで大きくなります。

油がちょっとでも入ってしまうと、マナコの大きさがそこで止まったり、部分的に溶けたりします。繊細なのです。

中華の厨房は基本的に油にまみれている場所ですが、油を入れないようにして、熱湯にさらして、もう一回加熱します。そしてそれを今度冷まします。これを繰り返しするだけですが、なかなか難しいのです。

大きくなるまで戻せば美味しいのかというと、やりすぎるとブワブワになります。

戻した後に注文が入らない場合も、ブワブワになります。

それを美味くさせるのには調理技法が必要で、そこが料理人の腕になるわけです。

ブワブワにならないためには、冷凍という手もあります。

一番いいのは、良い状態の時にサービス人がお客様に売ることです。

ツバメの巣

今はツバメの巣って、フカヒレに比べて馴染みがないですよね。コースに入っていても、スープかデザートで、しかもちょっと上に乗っかっているだけなので、あんまり食べた気がしませんね。それは、フカヒレよりツバメの巣の方が高いことと、料理アイテムが少ないことが、関連しているかもしれません。

町中華とは一線を画した本格的な中国料理が日本に広まるのは東京オリンピック後ですが、その頃はツバメの巣の方が安くて、フカヒレの方が高価でした。

フカヒレの質にもよりますが、需要と供給の問題なのかもしれません。

ツバメの巣は、海ツバメの唾液、細かく言うと唾液線からの分泌物です。非常に粘着質で、それが乾燥して巣になります。巣は、空気中に漂っている鳥の羽毛などの塵埃が集まってできているそうです。そして、ツバメの唾液腺の分泌物が接着剤のような役割になって、皿状の巣ができるのです。食材として使う時は、それを戻します。

本来海ツバメは断崖絶壁に巣を作りますが、現在は崖みたいな所に人が住めるような小屋を作って、ツバメに巣を作らせるそうです。画期的というか、人間の知恵ですね。

高級点心

北京ダック

ダックを包む皮は、小麦粉を使った薄餅《ポーピン》で、炭水化物です。

ですから、「大菜（料理）二品と点心一品」のセットが繰り返される本格的なコースでは、料理の間に入る「高級点心」という位置付けとして考えることもできるわけです。


北京鴨子《ペイジンヤーズー》という真っ白で飛べない家鴨《アヒル》が、北京ダック（正式名称　北京烤鴨《ペキンカオヤー》）に使用されます。


「南粒北粉」という言葉があって、南側の上海や広州などでは「米」が主食です。

北側は米が育たないので、「小麦」が主食です。

そして肥え太ったアヒルのエサは、一般の北の人達には入手できず食べられない米です。

ですから、高級品のイメージは、この頃からあったのだと思います。

北京ダックには、いろいろな部位や調理方法がありますが、「何が一番の旨さとなるのか」を突き詰めると、皮になります。

中国人は、軽やかなサクサク感やカリカリ感が大好きです。クリスピーという歯ざわりが好まれていて、その最たるものが「皮だけの北京ダック」なのです。

窯で焼いた熱々の北京ダックの皮は、とても香ばしいです。

熱い油をかけて皮だけを削《そ》いだ北京ダックでは、その香ばしさになりません。

焼き立ての、しかも皮だけを、クリスピーな食感で食べさせることで初めて「北京ダックの美味しさを突き詰めた、贅沢な料理」となり、正宴では高級点心の一品としての価値を得ることができるのです。

中国の北京ダック

中国本土で北京ダックの老舗といえば、「全聚徳」と「便宜坊」があります。

しかし、超高級料理という印象ではありません。誕生日や入学などちょっとしたお祝いに、日本では「みんなで焼肉を食べに行こう！」という感じですが、北京では「北京ダックを食べに行こう！」という感覚です。

北京ダックに使用している薄餅の材料は、小麦粉です。甜面醤の原料は、小麦と塩です。そしてネギとキュウリは、北京での生産量が多い特産品なので、地産地消なのです。

本場の北京ダックは、脂の質が違います。

「填鴨《テンヤ》」という飼育方法で、アヒルにエサをたっぷり与えて、暗い所であまり運動させないようにして育てると、脂質が増えて美味しく仕上がります。

北京のアヒルは肉質が甘くて旨味が凄いので、甜面醤は日本のような甘い味付けはせず、元の塩味をベースにしています。スイカに塩を振ることに、通じますね。

今はヘルシー感を求める中国人も増えてきたので、中国のアヒルも脂っこいものよりもサッパリ系の肉質が好まれるようになってきたようで、運動させたりしているようです。

しかし私的には、肉質のしっかりとした食感や甘い肉質の方が美味しいです。

本場北京では、肉付きで、全体を食べるのが主流です。

例えば水掻きや手羽、内臓は、各料理に使います。骨は煮込んで、白濁したスープなどに活用します。皮を剥いだ肉は、炒めたり揚げたりといろいろな料理方法で使います。

特に大切なお客様には、舌を炒めて提供します。舌は鮮度が重要ですから、冷凍は不向きです。一羽に一つだけしかないので、鮮度のいい舌をたくさん用意することで、「大切なお客様として、この料理をお出ししています」というメッセージになります。

◆南京ダック◆

漢民族最後の王朝が「明」で、その首都は「南京」でした。

その後、北の狩猟民族の反乱が大きくなったので、統治するために「北京」へと遷都しました。南にいた人達が北へ移動すると、当然のことながら生活様式や言葉、習慣、衣食住も一緒に動きます。この時に南京名物のアヒルも、北へ持ち込まれました。

このアヒルは、米をエサにしていたからこその旨さがありました。

そのため、北京に持って行かれたアヒルも、米を中心とした穀物をエサとして育てられたのです。

南京にはアヒル料理がいろいろとあり、中でも南京ダックは、「南京塩水鴨という塩水をベースに、香辛料を加えて丁寧に漬けた、前菜料理」で、とても有名でした。

北京ダックのように焼く料理としては、金陵叉焼鴨《キンリョウチャーシューヤー》（金陵は南京を意味する）があり、大きなサスマタのような串に刺して焼いていたようです。

窯などで炙り焼くようになったのは、北に移ってからと言われています。

日本の北京ダック

日本ではなぜ、皮だけを食べる北京ダックが、高級品として、定着したのでしょうか。

その理由の一つとして、日本の北京ダックは大宴会ができるホテルや大きな中国料理店から普及し始めたことが、考えられます。

例えば一〇〇〇人のパーティーで、本来の窯で焼き立てを提供するためには、一台で一〇〇万円位する窯が四～五台必要になるし、窯を置く場所も確保しなければなりません。

また、アヒルを捌《さば》く職人が、窯一台に一名は必要になります。

コースメニューでは他に何品も料理が出るので、北京ダック一品にそんなに経費はかけられません。そこで効率を高めるために、時間のある時に焼いておいて、提供する前に熱い油をかけて、温め直しをしたわけです。

ですから、窯を持っていないお店も、焼き上げた北京ダックの冷凍ものを業者から仕入れて、油をかけて、提供することが主流となりました。

「熱い油をかけることで、パリパリに仕上げるんです」という説明は、後付けで生まれた言い訳です。

本来の北京ダックは、香ばしさや熱々の肉付きの旨味が十分に味わえるのですが、それは窯からの焼き立てだからです。

皮だけを提供するもう一つの理由は、売上げが下がる可能性があるからです。肉付きで出すとそれだけでお腹いっぱいとなるので、他の料理の注文が減ってしまう可能性が大になってしまいます。ですから、これまで日本で中国料理を経営していた方々は今更「本場ではこうだ！」と言えなくなっているのでしょう。

しかし今は、本場式に提供する中国系のお店も日本では出てきましたね。

◆名店の北京ダック◆

赤坂時代の「錦江飯店」には窯があって、焼き立てを提供していました。

中国のオールドホテル「錦江飯店」では、代表料理の一つが北京ダックで、わざわざ「錦江ダック」と称していました。皮だけを提供する形式を始めた店の一つかもしれません。

三〇分位かかるので、コースの時は料理の一品目を出すタイミングでダックを焼き始めました。そうすると、焼き立てで、凄く香ばしい、皮だけのダックが出てくるのですが、これが本当に旨いのです。

「上海大飯店」にも窯があって、肉付きで提供していました。

北京を代表する「崑崙飯店」の料理人達が調理をして、北京ダックは「便宜坊」で修業したコックが来日して担当していました。

中国産は、やはり旨味が凄いです。

しかし鳥インフルエンザで、生冷凍のアヒルを輸入できなくなりました。

そこで焼いてから冷凍して送られて来たものを、使用していました。

二度焼きになるので少々不安でしたが、これが程よく脂が落ちて、実に旨かったです。

両方の店に共通するのは、中国産の家鴨と窯による焼き立ての香ばしさですね。

「錦江飯店」では、巻き方を教わりました。

皮だけと肉付きでは、巻き方で味が変わるのです。

皮だけの場合は、薄餅を広げて、ダックの皮は内側を上にして、甜面醤を塗り、その後にネギとキュウリをのせて巻きます。

一方肉付きの場合は、薄餅を広げたら、中央に甜面醤を塗って、ダックをのせて、ネギとキュウリで巻いて食べます。

ダック、ネギ、キュウリの上に味噌を乗せて巻くと、甜面醤の味が強く感じます。

その上食感も変わって、味噌と具の混ざり具合に一体感が生まれます。

巻き方で味が全く変わるとは、面白いですね。

羊肉

中国本土で肉の順位は、一番が羊肉、その次が豚肉、鶏で、牛はもともと食べるものではなくて、労働力でした。

現在でも、世界での羊肉の生産量、そして輸入量も、中国はナンバーワンです。輸出をしていないので、凄い量の羊肉が国内で消費されています。

日本に来ているガチ中華系で羊肉をメインにしている店が多いのは、中国人の羊肉好きがベースにあるからです。

それは、歴史上でも証明されています。

清王朝の満州民族と漢民族の融和を図るための宴「満漢全席」に匹敵する格式を持つ、「全羊席」というのがあります。

満漢全席は、現代では高級な宴席として有名で、異なる素材と調理方法で一〇〇品ほど提供します。

一方全羊席は逆の発想で、同じくらいの品数を、羊という一つの素材の各部位を、異なる調理方法や味付けで提供したそうです。北の狩猟民族であるモンゴル族や回教徒にとっての満漢全席が、全羊席だと言えるようですね。

ラストエンペラーに仕えた最後の宮廷料理人唐克明氏が著した料理書『全羊菜譜』でも全羊席に触れていて、細かい料理内容は紹介されていませんが、品数や宴会時間などの情報が記載されています。

全羊席によって、羊料理の技術が発達しました。

しかしそれは限られたごく一部の偉い人達で、庶民の羊料理ではありませんでした。

一般人が食べる代表的な料理は、「涮羊肉《スワンヤンルー》」と「烤羊肉《カオヤンルー》」です。

涮羊肉は、羊肉のシャブシャブで、日本のシャブシャブの元祖です。

日本では、羊肉を食べる習慣がなかったので、牛肉として定着しました。

シャブシャブ用の煙突付きの鍋を、火鍋といいます。最近では火鍋というと二股に分かれた四川火鍋を想像する方が多いでしょうが、こちらの火鍋の方が長い歴史があると思います。

烤羊肉は、日本でいうジンギスカンのような、羊肉の焼肉です。

焼く鍋は日本のものとは、形状も性能も違います。

最近では「烤羊肉串」という串焼きにした焼鳥みたいな羊肉が一般的に好まれていて、日本でもガチ中華系では必須メニューになっています。

◆羊◆

日本中国料理協会の重鎮であり、上野池之端「会席中国料理・古月」のオーナーシェフでもある山中一男氏が、自店のホームページでその学識を公開しています。

古代から中国人は肉食を中心とした食生活をしており、中でも羊肉は特に好まれていたそうです。以下はホームページより抜粋です。

漢字の「美」は「羊」と「大」を組み合わせたもので、よく肥えて美味な羊を表しています。このように羊は美味の象徴であったため、「義」「羨」「善」などの漢字に羊が使われています。「義」は、「羊」と「我」を組み合わせていますが、「我」はもともとノコギリの形を持っていることから、羊を解体するさまを表しており、神への供え物として欠陥がなく正しいものであるという意味を持っています。また「羨」は、「羊」と「涎」の略字を組み合わせたもので、羊にヨダレを垂らすさまを表し、羨むという意味を持ちます。「善」は、本来は「羊」の両側に「い」を二つ並べた形で、二つの「い」は原告と被告を表し、羊に神意を問うて善否を決する様を表していると言われます。

このように、羊は生贄として神に捧げる神聖な動物でしたが、それは「自分たちにとって最も大切な食材であった羊を捧げれば、神も喜ぶに違いない」と考えたからでしょう。

豚肉料理

中国で肉という文字で表されるのは豚肉で、それだけ豚肉は一般的に食べられています。豚は、猪を品種改良して飼い慣らしたもので、中国では紀元前には畜産していました。宋時代の頃は、豚肉は卑しいと蔑まれていたそうですが、現在では、食肉全体の消費量で豚肉の占める割合は、六〇パーセント以上と圧倒的です。

ちなみに、日本は牛肉が有名だと思っている傾向がありますが、日本の豚肉の世界的な評価は、非常に高いそうです。

日本産の牛肉が中国に輸出されて大好評ですが、豚肉まで目をつけられたら、値段が高騰しちゃいますね。

金華ハム

本来は浙江省金華区の養豚で、世界の三大ハムとして「ハモン・セラーノ」、「プロシュート・デ・パルマ」と並び称されているのが、「金華ハム」です。

私は予定があって行けませんでしたが、日本中国料理協会の視察で金華区に行った人達の話では、ハムではなくて、豚肉そのものを食べたそうです。

そうしたら、「もの凄く美味しい！」と言っていました。

どうやら食べる時の鮮度が重要なようです。


日本では、金華ハムは食べるというより、フカヒレ、それも広東系で上湯と合わせて、出汁として使用されることが、多いと思います。

山形の平田牧場さんが、都内で飲食店と物販で展開しています。

ここでは、肉自体を食べてみるのも良いかもしれませんね。

神奈川の厚木にある白井農産でも扱っているようです。

気候も風土も違うので、同じ金華豚でも金華区産とは味が違うかもしれませんが、ぜひ賞味してみたいものです。

酢豚

酢豚って、昔から日本では人気でしたよね。定義的には「衣を付けて揚げた豚肉に、甘くて酸味のあるソースで炒め煮するか、ソースをかける料理」です。

私の子供の頃に行っていた中華屋さんは、醤油と白酢に砂糖で甘さを加えた感じの味でした。ケチャップとかフルーツを入れる店もありました。白酢と醤油系の酢豚を今でも食べられるのは麻布十番の「登龍」で、そこは昔ながらの酢豚です。

高級中国料理店でちゃんとした料理人が作る赤いソースは、ケチャップではなく、山査子《さんざし》という中国の果物を乾燥させたものを、溶かして使っています。山査子はジュースもありますが、甘酸っぱい味で、ちょっとさっぱりした感じになります。

最近のオーナーシェフの中には、いちごやブルーベリー、ラズベリーなどいわゆるベリー系やマンゴーなどで、フルーツのフレッシュな甘さと酸味を出したソースを作る人達もいます。そう考えると酢豚は、お店のオリジナリティを凄く広く出せる料理です。

とはいえ、そこに踏み込むか踏み込まないか、雇われ料理人の人達にとっては、なかなか難しいところですね。

パイナップル入り酢豚

原宿の「南国酒家」は、私も一年ちょっとお世話になりましたが、「パイナップル入り酢豚」が、店の名物です。

原宿駅周辺や代々木公園、NHK周辺には日本軍の施設があって、敗戦後はアメリカ軍の住居施設になっていました。それが日本に返却されて、一部はオリンピック村となって、現在に至ります。渋谷で創業した「南国酒家」の経営者宮田家は、不動産業を手掛けていて、東京オリンピックの翌年にコープオリンピア（当時日本で一番高層の高級マンション）を竣工して、同敷地内に「南国酒家原宿店」をオープンしました。

戦後からの流れで多くの外国人が近隣に住んでいたので、外国人向けに、当時高価だったパイナップルの自然な甘みと酸味を活用して、ベースには山査子粉を使い、赤色のフルーツ入り酢豚としたそうです。

フルーツ入り酢豚自体は香港など南側で既にありましたが、日本にフルーツ入り酢豚を広めた店の一つとして多大な影響を与えたのが、原宿の南国酒家ということです。

南国酒家が今に至るまで作り続けているのは、フレッシュなパイナップルを利用した酢豚です。パイナップルは、その時々状況の良いブランド物（沖縄のピーチパインなど）を厳選しているので、とてもジューシーです。

豚肉の衣揚げはしっかり揚げているので、水分が飛んでいて硬いです。

その硬い豚肉にソースをしっかりつけて、パイナップルと一緒に食べると、口の中で素晴らしい組み合わせになります。新鮮なパイナップルの自然な甘さと酸味と瑞々しさが、カリカリに揚げた衣付き豚肉と融合して、噛むごとに混ざり合うからです。

その仲介役が山査子ソースで、甘さと酸味を強調するわけです。

しかしこの食べ方は、私が勝手に思っただけで、店では特に説明していません。

私としては、口中調味の醍醐味とかそういう点をアピールして欲しいのですが、誰もお客様に教えてないので、非常にもったいないと思います。

ちなみに、缶詰のパイナップルでもフレッシュと同じような見た目になりますが、似て非なる物で、味も食感も全く違います。

缶詰だと甘くなり過ぎるし、それに果物が熱を通すと美味しくないですよね。

町中華のオヤジが「パイナップル入り酢豚が流行っているらしいから、やってみようか」と思ったけれど、フレッシュなパイナップルは高すぎて使えないので、缶詰を使って作ったのではないか、と推測します。

地方によっては、新鮮なパイナップルが手に入らなかったからかもしれません。

黒酢酢豚

一〇年位前から、中国料理店では黒酢の酢豚が主流になってきたような印象があります。中国産の黒酢は鎮江香醋《ジェンジアンシアンツー》が正式名称で、江蘇省鎮江市で作られている名産品ですから、上海料理になります。原形は骨付きスペアリブの料理で、骨付き豚肉を揚げてから、黒酢ベースのソースで炒め煮します。大排《ダーパイ》（大きいの）と小排《ショウパイ》（小さいの）があります。

日本でも、基本的には野菜と合わせないで、肉だけの料理として提供されています。

鎮江市の周辺、南京側から上海側までの辺りは、鎮江に近いほど、食べるものには何にでも黒酢を使用する習慣があるようです。

小籠包やフカヒレに黒酢というのは、この周辺の習慣ですね。

「四川人は、辛くないと食べた気がしない」のと同様で、「鎮江周辺の人達は、黒酢を使わないと食べた気がしない」のだと思います。

普通に炒め物や煮物、前菜などにも、黒酢をかけています。

日本人が醤油を必ずつけるみたいなイメージで、何か食べる時は黒酢なのです。

また、昔は肉などの食材が衛生上良くなかったので、殺菌効果のある酢を使うのが習慣になったのかもしれません。

東坡肉《トンポーロー》

東坡肉は、日本的に言うと「豚の角煮」です。紅焼扣肉《ホンシャオクウロウ》、紅焼肉《ホンシャオルー》など、他にも別名があります。

北宋の時代に活躍した蘇軾《ソショク》氏は、号名が東坡で、蘇東坡《ソトウバ》氏としても有名です。多才なレジェンドで、政治家、文豪、書家、画家、詩人でした。

蘇氏は、美食家としても知られています。流刑のような左遷で貧しい生活を強いられながらも、美味しいものを食べたい食いしん坊で、料理も自分で作っていました。

蘇氏は多才ゆえに敵も多く、地方に左遷させられることが度々あり、一〇八九（元祐四）年には杭州に赴任しました。

氾濫が多い西湖の治水工事を懸命に行った結果、大成功で水害が起きなくなりました。民衆は蘇氏に感謝して、この地方の地酒（黄酒、別説では紹興酒）と豚肉を贈ったそうです。贈り物を頂いた蘇氏は、自ら厨房に入り、陣頭指揮をとって豚肉料理を作り、治水事情に寄付した人や労働参加した人に振舞って、宴を楽しみました。

「蘇東坡さんの豚肉料理は、最高に美味しい！」ということで、杭州の人々は作り方を教わり、現在に至るのが彼の名前を冠した「東坡肉」となったのです。

北宋の頃、肉の最高位は羊肉です。豚は卑しい人が食べるものとして忌み嫌われていて、高貴な人達は食べなかったそうです。しかし蘇氏は、気骨があり多才ですから、豚を美味しく食べる術を見つけ出していたのですね。

ちなみに、「豚肉は不浄で、疫病の原因になる」と禁止されていましたが、「肉を食べると精がついて、権力者に歯向かうようになるので、食べさせない」という説もあります。刑務所で受刑者の食事は塩分が低い、みたいな感じですね。

一方、蘇氏は四川省の眉山出身で、蘇氏が足を悪くした時に奥様が豚膝肉の塊で作った東坡肘子が原型で、「四川省が東坡肉の発祥だ」という説もあります。

「杭州で名菜を売り出すための戦略として、作られた物語だ」という説もあります。

このように、中国料理の説明には、もっともらしいけれど、おとぎ話みたいな話が多いです。出てきた人物とその料理の発祥した時期を照らし合わせると、合ってないことがよくあります。嘘ではないけど本当ではない、みたいな感じです。

まぁ、そういうことも踏まえて、美味しい料理の添え物として、こういう話題をお客様に提供すると、喜んでもらえますね。

青椒肉絲《チンジャオロース》

青椒肉絲の発祥は、牛肉ではなく、豚肉です。

中国では、もともとは硬い水牛しかなかったので、牛肉を食べる文化がありませんでした。硬い水牛でも細切りにすれば食べられなくはないですが、やっぱり豚なのでしょう。

日本の町中華や中国料理店では椎茸やタケノコを入れたりしますが、中国本土や日本で流行っているガチ中華店では、ピーマンしか使いません。

唐辛子の辛味を抜いて生まれたのがピーマンで、その後パプリカみたいになりました。

四川省ではなくて湖南省が始まり、という書き方をしているところが多いですね。

◆青椒肉絲の達人◆

日本の調理師学校や店では、料理人を雇う時の実技試験として、青椒肉絲を作ることがあります。切り方や炒め方、仕上がった青椒肉絲の油がどのくらい出るのか、などが審査されるのです。

青椒肉絲は、「炒めた後に油が出ないのが、本物だ！」と言われていますが、「じゃあ、どうすれば油が出ないんだろう？」と、思いますよね。

私の中で最高の青椒肉絲（というか牛肉だったので青椒牛肉絲ですが）を作ったのは、「横浜大阪店」の以前の料理長中林さんでした。体調を崩して、今はデパートで鍋を振っているらしいのですが、中林さんが作った青椒牛肉絲は、本当に凄かったです。

素材は牛肉とタケノコ、ピーマン、セロリでしたが、それ自体が凄く細いです。

炒める前に油通しをしますが、タイミングが悪いと細すぎて焦げてしまいますが、油の熱と揚げる時間が超絶に正確です。その油をちゃんと切って、本当に強火にして、バンって炒めます。そして盛る時も、ちゃんと油を切ります。

そうすれば、油は広がっていかないのです。

味が入っているか、焦げてないか、ちゃんと炒めになっているかという塩梅が微妙で、それができるのが「鍋がちゃんと振れる人」なのだそうです。

中林さんの青椒牛肉絲は、いろいろなバランスが素晴らしく、とにかく旨かったので、今でも忘れられません。

回鍋肉《ホイコーロー》

「なんとなく通用してしまって、その後定番になった中国料理の日本名」でよく聞くのが回鍋肉で、日本名にすると「豚肉とキャベツの甘味噌炒め」です。

言葉の意味から説明すると、「回」は一回、二回の回数ではなく、また回すでもなく、「回帰」を意味します。そして「鍋」は鍋、「肉」は豚肉ですから、「豚肉が鍋に回帰する料理」となります。

鍋でボイルしてスープをとっている豚の塊肉を、注文が入ると取り出して、薄切りにします。鍋に油を引いて熱したら、ニンニクの葉で香り付けをして、唐辛子で瞬間的な辣油を作ります。切った豚肉を鍋に戻して（回帰）、炒めたら、回鍋肉の出来上がりです。

日本的回鍋肉

中国の回鍋肉は、ニンニクの葉を香り付け程度に使う、肉だけの料理です。

ではなぜ日本では、回鍋肉にキャベツや甜面醤（甘辛味噌）が使用されているのでしょうか。それは、「四川飯店」創業者の陳建民氏が関係していました。

四川飯店の公式ページには、「日本人は野菜好きで、肉だけの料理では飽きてしまうので、キャベツやピーマンなどのシャキシャキした食感も考えて、日本的回鍋肉を考案した」と、書かれています。一方、「肉は高いから、野菜も入れよう。特にキャベツは安いし、かさ増しもできる。そうすれば、たくさん儲かるね」という説もあります。

しかしキャベツは、油を吸ってもまた外に出てくるので、油っぽくなってしまいます。違う野菜、例えば油を完全に吸い込むナスとかジャガイモとか使った方がもっといい感じになるかもしれない、と思います。逆に、ゴーヤやピーマン、タマネギなどは完全に油を弾くので、油切りをしっかりすれば油っぽくない仕上がりになります。

しかし戦後高度成長期当時は、「どんどんカロリーを摂取しなさい」と国から推奨されていたようですから、油がにじみ出るキャベツでよかったのかもしれませんね。

甜面醤に関しては、当時は日本に輸入されていませんでした。コクを出すために、八丁味噌をベースにして、砂糖などで甘味を加えて作った独自の醤で、代用していたようです。

甜面醤が日本で甘い味になったのは、醤爆鶏丁や北京ダックなど他の料理に使用していたことと、そもそも当時は辛い料理が日本人に受け入れられず甘い味の方が受けていたことなどが理由だと推測できます。

鶏肉料理

よだれ鶏

よだれ鶏（口水鶏《コウシュイジー》）は、「美味しそうで、見ただけで口の中に水、つまりよだれが溜まる」ということからついた名前です。

重慶で進化した料理ですが、原型は白砍《パイカン》（又は斬）鶏《ジー》で、どちらかというと成都が発祥の料理です。

白砍鶏は、骨付きで辣油は通常使用しているタイプで、油の鮮度は気にしていなくて、簡単な薬味で食べていました。

それを骨無しで食べやすくして、鮮度の良い辣油を使用して、香味野菜や胡麻などの薬味を吟味してアレンジしたのが、重慶でした。

よだれ鶏は、日本でもここ一〇年位で、急激に広まった印象があります。

ガチ中華の代表的なメニューの一つが、「よだれ鶏」です。

ガチ中華が急速に広まったことでよだれ鶏が流行り、流行っているから多くの店が出すようになって、現在に至る感じですね。


最初に私がよだれ鶏を知った時は、「怪味鶏《カイミーチー》をアレンジした」と、聞きました。「怪味」とは、四川料理ならではの甘味や酸味、苦味、辛味などが絶妙に交じり合う味で、「一度食べたら忘れられず、また食べたくなる」と言われる蒸し鶏の冷菜料理です。

いつの間にか怪味鶏を聞かなくなっていたので、久しぶりで懐かしいなと思っていましたが、どうやらよだれ鶏は別物だったようです。

◆レジェンドの「故郷の味」◆

郭沫若《カクマツジャク》氏は、四川省楽山出身の政治家・文学者・考古学者・歴史学者で、中国の近代文学・歴史学の開拓者という多数の功績を残し、中華人民共和国の成立に貢献したレジェンドです。

その彼が著書で、「子供の頃に楽山で食べた白砍鶏の味が忘れられない。思い出す度に口の中によだれが溜まる」というようなことを、書いていました。時流に乗った重慶の新しい料理は、知名度の高いレジェンドの著書にも目を向けたのでしょう。

実は郭沫若氏は、日本との繋がりがもの凄く深い方です。

現在の日中友好の架け橋となった人物の一人で、日本へ留学して、日本人と結婚して、亡命までしています。二〇〇四（平成一六）年には、亡命時代にお世話になった千葉県市川市に、郭沫若氏が住んでいた住居が移築復元されて、記念館になりました。

日本に縁が深い郭沫若氏が故郷を懐かしんだ料理だから食べてみたい、というのが日本で急速に広まった理由ではないでしょうが、口水鶏の発祥に直接関係している方なのは、間違いないようです。

サービスの現場で「これ旨いね。どういう料理？」「実は中国の著名な政治家が遠い所に赴任して、故郷のこれを食べたいと考えただけでよだれが出るほど美味しいというのが、この口水鶏なんですよ」という説明をすると、益々美味しく感じてもらえると思いますよ。

こういう、なんだか分かったような、分からないような、でもなんとなく「へぇ、そうなんだ」という説明が、中国料理には非常に多いと思います。

洋食や和食にもそういう例がありますが、中国料理にはこういう傾向が多いですね。

棒棒鶏《バンバンジー》

棒で叩くので、棒棒鶏です。

原型は、丸鶏のままボイルして、その肉も骨も一緒に棒で叩いて、ぐちゃぐちゃに柔らかくしたものを切って、ソースをかけます。

今は棒で叩くことなどせず、蒸し鶏に胡麻ベースのタレをかけて提供しています。

前述した口水鶏や口水鶏の原型である白砍（又は斬）鶏、怪味鶏そして棒棒鶏は、本来は骨付きで、仕込みの方法や出来上がりも違うものでした。

しかし現在は、ベースの鶏は蒸し鶏で、ソースがそれぞれ違います。

ちなみに私が仕事を始めたのは上海料理の店でしたが、辛くない鶏の冷菜が棒棒鶏で、辛いのが怪味鶏という違いで、教えられていました。

辣子鶏《ラーズージー》

正式名称は歌楽山辣子鶏《ホールーザンラーズージー》で、「鶏の唐辛子まみれ揚げ」です。

北京や上海、広東、四川などの料理系統にもある料理ですが、オリジナルは重慶で、それをアレンジしたのが重慶以外の中国料理ジャンルという構図です。

ただし四川以外の地域では、鶏は骨無しで、唐辛子や山椒はそんなに多くなく、薬味も色付け程度です。


重慶の近くに、歌楽山という観光名所があります。

そこの名物が地鶏で、歌楽山に行ったらこれを食べるのが大定番です。

地鶏を自分で選んで、それをその場で料理してもらうそうです。

チャーフィングという料理を盛り付ける大きな銀器に、唐辛子にまみれた地鶏が一羽丸ごと調理されて、提供されます。

豪快で、インパクトがある料理ですね。

油淋鶏《ユーリンチー》

日本語で説明すると、「鶏の揚げ物ネギ生姜酢醤油ソースかけ」です。

そもそもは「油淋全鶏」で、全鶏ですから、丸鶏一羽を使用する料理です。

以前中国人に聞いたところ、「淋しい油で揚げる鶏料理だから、唐揚げ風じゃない。丸鶏を腹から開いた状態で、煎（少なめの油で鍋を回しながらパリパリに揚げること）する。そして皿に盛った揚げた鶏に、ネギ生姜に醤油と酢、黒（又が白）酢で作ったソースをかけて出す。そういう料理だから、宴会料理というより居酒屋料理だよ」とのことでした。

まぁ、教えてくれた中国人が育った時代や修行した店ではそうだったのでしょう。

彼の説では、「油淋」は、調理方法の意味になります。

ではなぜ「淋しい」という言葉を使うのか、「煎全鶏」とか煎を名前に使ってもいいじゃないか、と疑問に思って、中国語の意味を調べてみました。

どうやら淋は「（液体を）上からかける」とか「浴びる」、「びしょ濡れ」などの意味で、「丸ごと一羽の鶏に、油をお玉で上からかける料理」ということになるようです。

広い意味で解釈すると、ネギ生姜酢醤油ソースは比較的たっぷりかかっているので、

「びしょ濡れ＝ソースをたっぷりかける」と考えることもできます。

しかし、その前に油がわざわざ書かれているので、「油をお玉でかけ流す」と考える方が無理なく、そう考えると油淋鶏は彼の言うような調理方法だと思います。

一方、油淋は、調理方法ではなく「ソースやタレの意味だ」という説もあります。この料理が生まれた時代は分かりませんが、相当前だったら油は高価だったと思います。「しっかり茹でた鶏を皿に載せて、その上に薬味としてネギや生姜などを載せて、事前に作った酢や醤油などのソースを上からたっぷりかけます。そして仕上げに、当時は高価で貴重だった油を、少量だけ熱々にして、ジュっとかけて仕上げたのが本当なのだ」という話です。

そもそも庶民的な料理だったようなので、原型はそうだった可能性もあります。

料理人に聞くと、「調理方法を意味する」という人が多かったのですが、ではなぜ「ソースを意味する」説も多かったのでしょうか。

大きな要因として考えられるのは、冷凍やレトルト食品の大手メーカーが「ユーリンソース」として売り出して、それが広がったことです。

「ユーリンチーという名の料理に使われているから、ユーリンソースでいいんじゃない」的な感じで名付けたようですけどね。

宮保鶏丁《クンポーチーティン》

成都とか重慶というよりも、四川省発祥の名菜（川菜）です。

清朝後期の四川総督になった丁宝楨《テイホウテイ》氏が考案したと言われています。

丁氏の出身は、貴州省平遠です。

彼は真面目に勉学に励み、難関の科挙に合格して、官職に就いて、地方回りで経験を積みました。

食べることが大好きな丁氏は、その土地の名菜や気に入った料理を自分で作ったり、関係した人達に振舞ったりしていたそうです。

その後、地方長官として山東省に赴任した時に、醤爆鶏丁《ジャンバオチーティン》という山東省の名菜を気に入り、ピーナッツを加えたり、四川総督となった時には甜面醤を豆板醤に変えたり、いろいろな地方の料理の良さを取り入れて、自分の好みに合うようにアレンジしたそうです。

料理名の由来ですが、この時の官命が太子少保で、民衆からは丁宮保と親しまれていたので、彼が好んだこの料理は「宮保鶏丁」と呼ばれるようになったそうです。

牛肉

戦後しばらくまでの中国では、牛とは水牛、バッファローでした。食べるというよりは、労働力として家畜化していました。年老いて力尽きた水牛は、筋張って硬いので、料理で細切りにするのは、食べやすくするためなのでしょう。

「水煮牛肉」という四川の代表料理があるのですが、解体した牛を水から何時間も煮込んで、柔らかくして何とか食べていたのが始まりで、その後に唐辛子やらニンニクなど香辛料を使うようになりました。

ところが、牛肉の美味しさに中国の人々が目覚めたようです。

現在は、ホルスタイン系の食用肉を輸入したり、家畜として育てたりいるので、消費量が急激に上昇しています。

それに伴い、牛肉を使った中国料理のレシピが、一層増えそうです。

海鮮料理

海老チリソース

海老チリソースは、時代と共に、味も作り方も変わっています。殻付きがむき身になったり、トマトケチャップは色付け程度だったのがメイン的な存在になったりしていますね。

名称

海老チリは、乾《ガン》（干）焼蝦仁《シャオシャーレン》と書きます。

乾焼の「焼」は材料を煮含めるということで、「乾（干）」は汁が無くなる（乾く）程度までとなり、「乾焼」で「その材料が乾くくらいまで汁をよく煮含める」という意味です。

乾焼という言葉を使うのは四川料理で、魚料理に使うことが多いようです。

ちなみに〔ガンシャオシャーレン〕は標準語読みで、上海語読みでは〔クンソーホーニン〕、広東語読みでは〔ホンシューハイヤン〕となります。

四川は、北京と同じく、標準語に近い読み方になります。四川人と北京人は、上海人や広東人など他の地域の言語が分かりません。さすが、広い国ですね。

私は常々、中国料理の名前で漢字と和名にはとても違和感を覚えるのですが、誰が和名を名付けたのでしょうか。

前述したように、乾焼には唐辛子やケチャップ、辛いなどの意味はないので、「海老を汁が無くなるくらいまで煮含めた料理」が直訳となりますが、長すぎるし、料理の印象が伝わりづらくなります。

おそらく漢字は調理人のためにあって、和名は出来上がった料理を見た感想から来ているのではないかと思われます。

となると「海老のトマトケチャップと唐辛子味噌の炒め煮」という名称となりそうですが、実際は「海老チリソース」が一般的です。

では、なぜ「チリソース」が使用されたのでしょうか。

「誰が、チリソースという当時あまり使われていないであろう言葉をわざわざメニューに入れたのか？」「それがなぜ、日本ではメニュー名として浸透したのか？」、私にとってこれがかなり長い間の疑問でした。

いろいろと考えてみて、私なりに一応の結論が出たので、明記しておきます。

チリソースに関しては、やはりこれは海老チリソースが生まれた上海にあった外国人向けレストランの英語メニューだと思います。

そこに「shrimp chili sauce」と書いてあったのを、そのままカタカナ読みにしたのではないでしょうか。

真実は不明ですが、今のところ有力説としておきましょう。

海老チリソースという料理名が浸透したのは、レトルト食品や、冷凍食品の普及によると思われます。

テレビや雑誌、新聞などのメディアによる情報で、いつのまにか定着したのでしょう。「豚肉とキャベツの味噌炒め」ではなくて「回鍋肉《ホイコーロー》」、「若鶏の唐揚げ、葱生姜酢醤油ソース」ではなくて「油淋鶏《ユーリンチー》」などと、同様だと思います。

◆海老チリは何料理？◆

実は、私が中国料理について調べるようになったきっかけが、海老チリソースでした。
昔、先輩とこんなやりとりがありました。

先輩「白土くん、海老チリは中国では何料理だか分かるか？」
私「四川料理じゃないんですか？」
先輩「わかってないなぁ、上海料理だよ。海老チリに使う調味料は何だ？」
私「ネギ、生姜、ニンニクのみじん切りと、豆板醤とケチャップ、後は酒に塩、砂糖、胡麻油ですかね」
先輩「その中で、中国らしくないのは何だ？」
私「ケチャップですか？」
先輩「そうだよ。そうすると何料理になるか、自分で調べてみな！」

ということがあり、興味が湧いてきました。
そこで、先輩から言われたヒントから調べました。

ケチャップは正式にはトマトケチャップで、アメリカのハインツ社の大ヒット商品です。そしてアメリカと中国の食関係の繋がりとなると、「上海料理　海派」の項で紹介した「上海」になります。

前述したように、清国末期、諸外国が上海地域を租界という自国領土にしたことで、人々が移り住み、生活様式が持ち込まれました。

トマトケチャップも、当然アメリカから入ってきました。

当時、外国人を招くレストランとして有名だったのが「錦江飯店」で、そこではトマトケチャップを使った料理が提供されていたそうです。

海老チリソースもその一つでした。まぁ、当時は殻付きの海老ですけどね。

ですから、結論としては上海料理です。

もっと細かく言うと、「海派」と呼ばれる、上海に集まる諸外国や中国各地方の人達に、「美味しい！」と言ってもらえるようにアレンジされた、新しい上海料理です。

ということで、海老チリソースは海派川菜で、四川料理ではなく「四川風の上海料理」という位置付けになります。

◆トマトケチャップはシルクロードから？◆

私はＨＲＳ（一般社団法人日本ホテル・レストランサービス技能協会）認定の第二回中国料理食卓作法講師試験に合格しているのですが、その準備講習会の時、中国料理界の学術的な方々の中で大御所と評される木村春子先生に、質問したことがあります。

「海老チリに使用するトマトケチャップは、どこから来たんですか？」

「シルクロードじゃないかな」

私としては、「シルクロードは紀元前二世紀から一五世紀までで、トマトケチャップは一九世紀なんだから、そんなわけないだろう！」とツッコミを入れたいところでしたが、さすがに大先生には言えませんでした。

後に、木村先生がなぜシルクロードと言ったのか、理由らしきことが判明しました。

そもそもトマトではないケチャップは中国生まれで、今でいう魚醤のことです。魚の発酵調味料から始まり、キノコや果実、野菜などの素材をそのような製法で作った調味料の総称を、ケチャップというそうです。

木村先生はそれが頭にあって、「シルクロードで、ケチャップの製法が、中国からヨーロッパに伝わった」とおっしゃったのかもしれません。

私の質問したのはトマトのケチャップなのですが、まぁいいでしょう。

◆四川の食材◆

中国人のシェフに聞くと「海老チリは、上海料理だよ！」と、断言します。

私　「なんで上海なの？」

シェフ「海の海老は、四川では手に入らないでしょ」

私　「でもそれなら、魚だってそうでしょ？」

シェフ「四川の乾焼に使われる魚は、基本的には川魚なんだよ」

私　「なるほど。それなら川海老はあるんじゃない？」

シェフ「いや、川海老は小さすぎて身がボロボロになるから、乾焼で料理しても美味しくないんだ。だから、さっと炒めたり、揚げたりして提供するんだよ」

私　「なるほど、ごもっとも」

というやりとりをしたことが、あります。

勉強になりますね。

海老マヨネーズ

海老マヨネーズの原型の一つに、伊勢海老の前菜、テルミドールがあります。

伊勢海老を半身にして、上にマヨネーズソースみたいなものをかけたり、店によってはクリームソースでグラタンのように調理して入れたり、私が働き始めた頃はそういうのがありましたね。豪華なコースには、だいたい入っていました。

炎の料理人と称された故周富徳氏が考案したという話がありますが、「目黒雅叙園」の円卓や「南国酒家」のフルーツ酢豚と同様で、香港では既に提供されていました。

ただ、日本で広めたということに関しては、テレビにもよく出演されていた周氏の影響は確実にあると思われます。

周氏の海老マヨはオーロラソースで、マヨネーズだけでなく、コンデンスミルクとケチャップも使用しています。マヨネーズはそのまま熱を加えると分離するので、ソースとして使用する場合は強いお酒（ジンやウォッカ、白酒など）を使わないと駄目なのです。

そういうことをしない店の海老マヨは、「海老のマヨネーズ炒め」ではなく「海老のマヨネーズ和え」となります。

◆周富徳氏◆

周氏はもともと、旧田村町、西新橋の「中国飯店」（日本的広東料理の総本山です）の、人事担当の料理長でした。

森ビルが大きくなったきっかけの一つに西新橋再開発があって、その時に凄い金額が動いて、中国飯店は撤退して、オーナーシェフは香港に帰りました。

オーナーシェフは日本語ができないので、日本にいた時から人当たりの良い周氏を使って、依頼のあった経営者に香港のコックを紹介していて、それは香港に帰国してからも継続していたそうです。

伝説の田村町中国飯店が閉店した後、所属していたシェフ達は、引く手あまたの状態でした。

先輩達はホテルオークラ、ニューオータニ、パシフィックホテルなどの料理長に就任しました。

その頃部下として雇われていたのが、周富徳氏、譚彦彬氏、曽兆明氏などで、その後世に出て、バブル期の日本広東料理界を牽引したのです。

周氏といえば炒飯というイメージですが、それはテレビ的演出だったようです。

周氏が京王プラザホテルの料理長になる際に、同格レベルの料理人達と料理を作って、審査されることがありました。

他の方々は懸命に料理を作っていたけれど、周氏は五分前に卵とネギだけのシンプルな炒飯だけ作って、見事合格したという逸話があります。

一方、周氏は中国飯店では人事担当料理長だったので、あまり料理は作っていなかったという説もあります。

そのせいか、「イメージを変えるために、海老マヨは私が考えた料理だ！と言い出した」と話す先輩も、いましたね。

周氏に海老マヨを教えたのは加山雄三さん、という説もあります。

加山氏は、茅ヶ崎の象徴でサザンの歌にも出てくるパシフィックホテルを含めたパシフィックパークの経営者で、ホテル内には「一閣」という中国料理店も直営していました。ラーメン一杯が今の価格にすると五〇〇〇円位していた高級店だったようです。

和食や洋食にも精通していて、料理本も出版していた加山さんならではの話ですね。

水煮魚《スイジューユイ》

「唐辛子マミレの白身魚スパイシー煮込み」です。

こだわりは、フレッシュな辣油スープです。

約三分の一は既に出来上がっている辣油を使いますが、三分の二は新鮮な油と新しい唐辛子、粒の山椒をたっぷり使用して、新鮮な辣油スープを作ります。

日本人は、「油が新鮮かどうか」なんて、意識したこともないと思います。

中国人も、四川の人達はある程度認識していると思いますが、他の人達から油の鮮度がどうこうという話はあまり聞いたことがないので、知る人ぞ知るだと思います。

麻辣大学では、この料理が人気ナンバーワンの料理です。

中国のお客様達がなぜこの料理を食べるかというと、流行っていることと、実際に美味しかったからだと思います。

白身魚は、パンガシウスやバサフィレと呼ばれる、淡水のナマズです。

東南アジア系の魚で、身がちょっとプリプリっとした感じで、とても滑らかくて、辛いスープとよく合います。

作り置きをせずにその場で作るので多少時間はかかりますが、フレッシュな辣油スープは油まみれなのに油っぽくなくて、さっぱりと食べられます。

水煮魚は、水煮 牛肉《スイジューニュールー》という牛肉料理が原型です。

ある料理人が釣り好きで、魚を釣りました。料理人仲間の家に行って一緒に食べようと思ったら、牛肉料理の材料しかありませんでした。

仕方ないので魚で作ってみたら、とても美味しかったので、「じゃあ、翌日から店で出してみよう！」と提供したら凄い反響となって、周りの店にもすぐに広がっていったそうです。

最初に始めた店は、フレッシュな油で作り続けたそうで、連日満員御礼でした。


中国の重慶で食べると、確かに美味しいのですが、骨を処理してないので、食べるのがめちゃくちゃ大変です。

日本の店では下処理で骨をある程度取ってくれますが、中国では見事に何も取りません。しかし、それが中国的には正解です。「身が柔らかくてもグチャグチャにならないのは、骨があるからこそ」だからです。

中国人は骨付きの魚が大好きで、「これが通なんだよ！」って感じで、上手にピッピッと骨を取って、嬉しそうに食べていますね。

中国風お造り

原型は「鳳城滑魚《フォンセンワイユイ》」という、広東料理の料理です。

日本では最初に始めた有名店は、すでに閉店していますが、赤坂「海皇《ハイファン》」でした。バブル期に一世を風靡《ふうび》していましたね。

私のお客様が「中国風お造り」をプロデュースした人で、話を聞いたことがあります。「日本人は刺身が好きだから、中国風にアレンジしてみたらどうだろう」という流れだったようです。魚は、基本的に鯛です。

大根や人参、キュウリ、セロリなどを細切りにします。その上にお刺身を綺麗に並べて、そのまた上に香菜を乗せて、卓上に持って行きます。そしてその場で、ピーナッツ油や塩胡椒、醤油で味付けして、混ぜて提供していました。

私が芝大門「廣東料理・蘭花《ランファ》」に勤務していた頃、料理長から「刺身をやりたいから、ちょっと勉強に行こう」と誘われて、六本木「ハードロックカフェ」の脇にあった「露《ルー》天《テン》」に行きました。

その後プライベートでも行って、「刺身を提供する時には、何て言っているのか」をメモしたり、箸で身をバラして味付けして混ぜるやり方を勉強したりしました。

店では、水槽に魚を入れて、注文が入ると魚を取って、厨房にダムベーダー（小荷物専用昇降機）で上げて、提供していました。

鯛に限らず、期間限定のお薦めの魚も、あれはあれで美味しかったです。

結構流行っていましたが、今は提供する店が少なくなりました。

一方、宴会料理としては、今でも人気です。

「目黒雅叙園」のパーティーで、近藤紳二エクセレントエグゼクティブシェフが出してくれたお造りは、もの凄く立派な見た目で、その上とても美味しかったです。

パーティーの華になる料理ですね。

蟹

「菊の花が咲き誇る頃　左手には旬の上海蟹　右手の酒杯は紹興酒　親しい友と和気藹々」

江南地方では、秋風一番が吹く頃が、菊のお花見シーズン到来です。

よく育った旬の上海蟹と名産の紹興酒で、気の合う仲間とワイワイガヤガヤ楽しみます。

上海蟹

和名は「シナモスズガニ」、中国名は「大閘蟹《ダアザアシエ》」、正式名称は「中華絨螯蟹」です。

名前の由来としては、「大きな貯水池の水門が開いている時は鍬の爪のような場所から水が流れるが、そこから逃げ出せないほど大きな蟹」という説や、「蟹を捕獲する時の竹製のカゴの名前」という説、「茹でるという意味の昔の漢字を、同じ読みの閘という漢字をあてた」という説等々ありますが、実際には不明です。

ちなみに、日中国交回復前は「上海蟹」とは呼ばれていませんでした。

そりゃそうですよね。国交がないと、直接輸入ができませんから。

その当時は香港経由だったので、「香港蟹」と呼ばれていました。

そして日本到着までに時間がかかるので、当初はお酒に漬けた「酔っ払い蟹」が主流だったようです。

雄雌

お腹の部分を「褌《ふんどし》」と呼びますが、上海蟹の雌は丸みを帯びていて、雄は鋭角的になっています。また、爪の大きさは、雄は雌の倍以上です。

雄は、身が雌より一回りほど大きいので、「身を食べるなら雄」と言われています。なかでも爪の中の身が最高です。そして「白子」は、他に類を見ない味覚です。

雌の良さは、何といっても「卵」で、その濃厚でありながらスッキリとした風味は世界中の美食家を魅了しています。私の語彙では書けません。食べてみるのが一番ですね。

九雌十雄

「九雌十雄」という言葉は、上海蟹を紹介する時によく使用されます。

旧暦のことで、雌の旬は一〇～一一月、雄の旬は一一～翌年一月ということです。

雄雌各三か月のスパンがありますから、上海蟹本来の旬は、両方が食べられる一一～一二月の二か月となります。

ただし、毎年最大二週間のラグがありますので、食べに行く前に、お店にしっかりとご確認ください。

天然ものと養殖もの

蟹は、汽水、淡水、海水どのような状態でも生息できて、そして雑食です。

海で生まれて、川沿いを湖まで移動して、産卵期に海に戻る生命力の強さが、美味しさに繋がっているのでしょう。

食用に適する大きさに成長するまで三～五年かかりますが、中国の市場では、大小や雌雄が混在して籠に盛られ、「一山幾ら」で売っています。

「日本でバカ高いのを食べるなら、中国に行って市場で買った方が賢いよ」と言っている人達は、こういうのを食べているのでしょう。

確かに安いですが、「賢く」となると、一山幾らの買い方では駄目です。

中国国内に出回っている蟹は、基本的に天然ものです。天然ものと聞くと日本では高級なイメージですが、雌なのに卵がまだ出来上がっていなかったり、雄なのに身がスカスカで白子がなかったりします。つまり、天然ものは安くてもリスクが高いということです。


日本に出回っている高値の蟹は、養殖ものです。

蟹は空輸で生きた状態で送られてきますが、店では死んだ蟹は使用できないので非常にリスクが高く、扱える店が限られてしまいますね。

店で出す場合は大きさの均一化が求められますが、養殖ものはクリアできます。

「陽澄湖《ようとうこ》産」は、価格的に三～五倍はします。

なぜかというと、人の手が介在するので、外れがないのです。

しかも三～五年間かけてしっかりした大きさに仕上げています。

時期になれば、雌なら卵びっしり、雄なら身がパンパンで白子もタップリです。

多少高くても、美味しい方がいいですよね。

◆外来種法◆

蟹の価格高騰に拍車をかけたのが、外来種法です。

現在、上海蟹は検疫しなければ日本国内に持ち込めません。しかも販売を目的とする場合、小売は許可されておらず、店（レストラン）への仕入れとしてのみ許可されています。結果として、安全な上海蟹が入るようになりましたが、お店でしか食べられないので、以前アメ横などで、原価で買っていた方々はお気の毒です。と思っていたら、最近はまたアメ横などで上海蟹を販売しています。

外来種法はザル法ですね。

◆中国事情◆

雄、雌どちらを選ぶかを現地の中国人に聞くと、「雄！」と断言します。「初心者は雌を好み、通は雄を好む」と言われています。雌の卵はいろいろな料理で加工できますが、雄の白子は加工に向かないので、蒸し蟹でのみ旨いからです。身も一回り大きいので、食べやすいし、卵はなくとも味噌が濃厚です。

二〇一〇年上海に日本中国料理協会サービス部会で旅行に行った時、昼は雄、夜は雌を食べる予定でした。ところが夜も雄が出てきたのです。

「皆様を喜ばそうと、通好みの雄を用意しました」という理由なら致し方ないのですが、違いました。

なんと、○○省から来た政府首脳が「どうしても雌を食べたい！」と言い、「料金を倍出すから、なんとかしてくれ！」と頼んだようです。

そしてホテルのオーナーは、このチャンスを見事にものにしたのでした。

最近の中国人はお金持ちで、国内の、特に政府関連客が一番お金を使うそうです。

そういう背景もあり、一昨年あたりから、中国のレストランでも、外国人客ではなく中国人客優先の傾向が強くなってきたように感じます。

◆蟹王府◆

上海でミシュラン一つ星を獲っている店があって、「季節に上海蟹を食べるんだったら、蟹王府《シェーワンフ》だ！」と、言われています。

オーナーは、創業六〇年の実績を持つ「成隆号」です。

上海にある三大上海蟹専門会社の一つで、大養殖場を持っています。

そこの直営店ですから、高品質保証です。

肉問屋直営の焼肉屋みたいな感じですね。

海外第一号店は、日本で出店されました。

日本橋の日本銀行前にある三井二号館の一階で、二〇二〇年から営業を開始しています。最初は「コスパ良し」のスタイルでスタートしたそうです。しかしお客様からの要望で料理やサービスに力を入れて、高級店として現在に至っています。

◆国産モクズ蟹◆

上海蟹とは別物で、日本に生息しているのがモクズカニです。ちなみにモズクではありません。「藻《モ》の屑《クズ》がハサミの部分についている」ことが、名前の由来です。

モクズ蟹は小粒の河蟹で、味噌汁の具として親しまれているケースが多いようです。加熱（蒸したり、煮たり）したモクズ蟹を、殻ごと磨り潰して、ツミレ状態にすることもあるようです。

四国のお客様が上海蟹を食べに来た際に、自信満々で教えてくださったのですが、胴体が大人の拳一回り以上ある大型のモクズ蟹は、収穫量が限られているため、力のある料亭で数万円のコースで提供されているそうです。

国産も、侮れませんな。

素菜《スウツァイ》

格式の高い宴会では、大菜の終盤に、素菜（精進料理としての野菜や豆腐製品等の料理）が出てきます。

基本的に、野菜炒めは、食材を混ぜて作りません。

青菜炒めだったら一種類だけ、そんな感じです。

「五種類くらいでやればいいじゃん！」と思うのですが、素材の味が違うので、拘《こだわ》りがあって、嫌みたいです。

精進料理は中国由来

日本の精進料理や京料理は、中国から仏教、禅宗と共に日本へ入ってきたそうです。

神田の老舗、上海蟹で有名な新世界菜館や咸亨酒店を経営している健興通商の社長、傅《フー》健興《ケンコウ》氏は、中国料理の造形が深く、大学で特別セミナーなどを行っている方です。

その方によると、「仏教、禅宗が入って来たということは、生活様式や食慣習、当時の中国料理も入って来た」ということなのです。

ですから日本の精進料理、そして京料理の元を辿れば、実は中国料理なのだそうです。

この場合の中国料理は、現在のように油をたくさん使って揚げたり、炒めたり、煮たりするような、宮廷料理の流れではありません。

油は当時とても高価な物だったので、シンプルに煮込んだり焼いたりした料理でした。

◆椎茸◆

中国料理では、椎茸、特に乾燥した椎茸をよく使います。

乾燥椎茸は、冬菇《ドンコ》又は香信《コウシン》という呼び方になります。

品種や品質の違いはあまりありませんが、見た目が全く違います。

傘の巻き込みが強く、丸く見える肉厚の椎茸は、「ドンコ」です。

傘が開き、ヒダ立ちが美しいものは、「コウシン」です。

香港に行った人が乾物屋を見に行ったら、「日本のドンコ」と書いてあったそうです。

中国では、ドンコはわざわざ輸入するほど特殊なものなのですね。

日本にいる中国人は、上野などの乾物屋でたくさん買い付けしています。

麻婆豆腐《マーボードウフ》

中国から来日した学生に「麻婆豆腐、知ってる?」と聞くと、「知らないけど、麻辣豆腐なら分かります」と答える人が多いです。

「あばた（顔にボツボツ／麻）顔のお婆さんが作ったから、麻婆豆腐」という説はよく聞きますし、「陳麻婆豆腐店が発祥」とも言われていますが、四川省成都に行くと本家とか元祖とかいろいろ名乗っている店も、多数あるようです。


麻布十番と麹町にある老舗「登龍《トウリュウ》」で働いていた時、以前陳建民氏の店で小僧として働いていた日本人のおじいちゃんがいて、「最初の頃の陳さんの料理なんて、辛くて、辛くて、食えねぇよ」と言っていました。

その後陳氏は、いろいろと試行錯誤して、「辣」や「麻」を少なくして提供したら、人気が出たそうです。

ちなみに、「辣」は刺す辛さで唐辛子、「麻」は麻痺する意味で山椒のことです。

原型より粉状にした方がマイルドになるので、それを使用したそうです。

日本で麻婆豆腐が国民食的な存在になった理由の一つに、国の主導があります。女性の社会進出を推進するために、「主婦の家事負担を少なくするには、レトルトや冷凍の食品を使うことが、賢いことですよ」と、レトルトや冷凍食品の普及に補助金を出して後押ししたのが、大きく影響していると思います。

丸美屋や味の素、永谷園などが麻婆豆腐を出した時のレシピは「四川飯店」から提供されたようですが、その時には麻を抜いていたそうです。

当時の日本人は食生活的に淡泊な味を好んでいたので、山椒のピリピリ感は受け入れられなかったようです。日本人が好む味にアレンジしたからこそ、メジャーな料理の一つとして定着できたのでしょう。

中国人から見たら「なんちゃって麻婆豆腐」ですが、食べた人が美味しいと思ったから、国民食と称されるほど広まったわけで、凄いことです。

◆なんちゃって麻婆豆腐◆

嘘ではないけど本当でもないだろうみたいな「なんちゃって麻婆豆腐」は、中国料理店でも昔から結構ありました。

私が最初に勤めた「上海料理　宋苑《ソウエン》」では、少子豆腐《ショウズードウフ》という書き方でした。挽肉は入っていて、豆板醤ではなくて甜麺醤で煮込みます。

あんまり辛くない「上海風麻婆豆腐」みたいですが、「当店の麻婆豆腐はこれです」って感じで、出していました。

農林水産省や厚生省などが常連客でしたが、「麻婆豆腐は、ココのだ！」と思っていたようです。

まぁ、辛くない麻婆豆腐が好きな人にとっては、少子豆腐は満足だったでしょうね。

八宝菜

八宝菜って、肉や海鮮、野菜とかいろんなものが入っていますよね。

しかし昔の中国では「海や川のものと地のものは組み合わせるが、陸のものとは組み合わせない。空のものと山のものや地のものは組み合わせても、陸のものや海や川のものとは組み合わせない」、と伝承されていました。

山は山菜やきのこ、海（河）は魚介類、空は鳥、陸は豚牛羊など、地は野菜類となるので、豚や鶏と海老などの組み合わせは駄目だったのです。

八宝菜は、それらをまとめあげて表現する料理ですから、もともとは中国料理でなかったことが分かります。

八宝菜の原型となる料理は、アメリカのチャプスイから始まったようです。

アヘン戦争によって、鎖国をしていた中国（当時の清国）は敗戦しました。

結果として不平等な「南京条約」をイギリスと結んで開国となり、その後アメリカとの間で国交回復が成立しました。

その時、「このまま中国にいたら、他国に占領されて奴隷にさせられてしまう」と考えた中国の人々が多くいました。そしてそれは、アメリカが黒人の奴隷制度廃止で激減してしまった労働力を補うために、移民の受入れを解放した時期と重なりました。

その頃のアメリカは、大陸横断鉄道の建設やゴールドラッシュなどで好景気だったので、「一攫千金のチャンス！」と海を渡る人々が急増し、多くの中国人達も成功を夢見て渡米したそうです。それが、苦力《クーリー》と呼ばれ、低賃金で酷使された中国移民です。

彼らは「これでは国にいるのと変わらないではないか。いやいやチャンスはあるはずだ。それにはとにかく食わねばならない！」ということで、中華鍋に食べられる材料を何でも入れて煮込んで、飢えをしのいだそうです。

要するにごった煮で、それがチャプスイの発祥と言われています。

一方、清国の全権大使になった李鴻章将軍がアメリカに旅行した際、食べるものが合わないので、お抱えのコックに「今ある材料で何か作ってくれ」と指示をして作らせたら、「これは旨い！」と大層喜んで、それがチャプスイの原形になったとも言われています。

アメリカ側の人達にも食べさせたらとても評判が良かったので作り方を教えてあげたそうで、それでチャプスイはアメリカに広まったという、話の流れです。しかし李氏が渡米する前からチャプスイはあったので、この説はお得意のおとぎ話だと思います。

そのチャプスイをご飯にかければ「五目あんかけご飯」、両面焼いた焼きそばにかければ「五目あんかけ焼きそば」となります。

これらが、アメリカにあるチャイナタウンの「チャイニーズ　チャプスイレストラン」で大人気となりました。

しかし、中国人はよく働くからアメリカ人の職がなくなるということで、一八八二年に中国人労働者移民排斥法が成立し、アメリカから多くの中国人が追い出され、アメリカでのチャプスイブームは下火になったようです。

その後中国に帰国する者もいましたが、日本や他の国へ行く者は、その国でチャイナタウンを形成し、チャプスイは世界に広がりました。

アメリカから日本に来て広がった有名な例は、「長崎ちゃんぽん」です。

長崎ちゃんぽん発祥の店「四海樓」の創業時の写真には、AMERICAN RESTAURANTと看板に書いてあります。

店のホームページには、「ちゃんぽんのルーツは福建料理の『湯肉絲麺』である。湯肉絲麺は麺を主体として豚肉、椎茸、タケノコ、ネギなどを入れたあっさりしたスープ。これに初代陳平順がボリュームをつけて濃い目のスープ、豊富な具、独自のコシのある麺を日本風にアレンジして考案したものが『ちゃんぽん』である」と書いてあります。

中国福建省から来た陳氏が、伝承を気にすることなく「肉も魚介類も入れた」ちゃんぽんを作ることができたのは、やはりアメリカの影響だと思われます。

横浜居留地が活気づいてきたのは、一八八〇年前後からです。アメリカで中国人移民排斥法が制定されたのが一八八二年で、より厳しい内容で改定したのが一八八四年でしたから、その頃にアメリカから日本に流れてきた人たちが、結構いたと思います。

「聘珍樓」が創業したのは一八八四年で、「四海樓」の創業はそれから一五年後の一八九九年ですから、時期的にぴったり合いますね。

佛跳牆《フォティヤオヂャン》

八宝菜の高級バージョンとして昇華したのが「佛跳牆（山海の珍味壷詰めスープ蒸し煮）」です。「仏が垣根を飛び越えて、禅宗の厳しい戒律を冒《おか》してまで食べてしまった」というのが名前の由来ですから、それを知っただけでも期待が高まります。

壷の中に入っているのは、ほとんどが乾物です。下部に根菜類やきのこ、なつめなどの安価な食材を入れ、中部には肉類を入れ、上部には高級な干し貝柱や魚の浮き袋、干しアワビ、ナマコなどを入れて、一番上は、高価なフカヒレです。

本来は、直火で五日位ずっと蒸して、スープを楽しむ料理です。

◆あんかけ◆

八宝菜って、あんかけですよね。

あんかけというのは、例えばフカヒレだったら煮込んで出てくる「ゼラチン質で、とろみがつく」という考え方です。

「片栗粉を使って、トロっとさせる」というのは、後から生まれた略式的な調理方法なのです。

しかし、片栗粉を使うと、とろみで味が絡まって美味しいし、煮込まなくても早く出せるし、冷めないしといった利点が多いので、急速に広まって、今では当たり前の調理方法になりました。

「中国の北の方の料理人達は、熱を保つために、あんかけでコーティングするんだ」という話もありますが、実は北の人ほどあんかけが嫌いです。

「水溶き片栗粉は邪道だ！ 誤魔化しているんだ！」って感じなのです。

ですから、北の方の調理人は、あんかけ料理を中国本土ではあまりやったことがないので、日本に来て覚える人が多いようです。

◆銀座アスター◆

一九二六（昭和元）年創業の「銀座アスター」は、チャプスイレストランとしてスタートしています。

創業者である矢谷彦七氏は、若い頃は浅野財閥の商社系会社のハワイやサンフランシスコの貨物船事務長として勤務していました。

独立心旺盛な矢崎氏が、東洋汽船を辞めて、目をつけたのは、牛乳でした。

「これから日本では牛乳が流行る！」と、日本に帰って来て、自分でリアカーに乗せて牛乳を売り歩いていましたが、やがてバターに目をつけて大成功しました。わずか数年で、日本のバター販売シェアの六割を占めるほどの実績を生み出したそうです。

しかし関東大震災で、工場が潰れてしまいました。ただ丁度その時、工場を広げるために現金を銀行から引き出していました。煉瓦が崩れ廃墟となった銀座の、灰燼と化した工場跡地で寝泊まりしながら、「今後どうするか」矢谷氏は所持金をベースに考えました。

そして、「そういえば、アメリカではチャイニーズ　チャプスイレストランが流行っていたな。日本でやったらどうなるだろう？　面白い！　フォークとナイフで食べさせる中国料理は日本初だし、ましてや銀座だから、やる価値はある！」と、思い至りました。

次は、店づくりです。

「どんな店にしよう？ そうだ、自分が上海で定宿にしていた素晴らしい外観と内装のアスター・ハウス・ホテルをイメージした店作りにしよう！ 名前は『銀座アスター』だ！」

こうして、日本初の「チャイニーズ　チャプスイレストラン銀座アスター」は、スタートしたのです。

中国の伝承を気にしたのでしょうか、創業当時は海や空、地のものを混ぜることはなく、「海老の八宝菜」のような海鮮素材一種プラス野菜や「豚の八宝菜」のような肉素材一種プラス野菜というメニュー構成だったようです。

そして基本は箸ではなく「フォーク&ナイフ」といった、アメリカを意識したレストランでした。

昭和初めはハイカラな時代で、銀座を闊歩するモボ（モダンボーイ）モガ（モダンガール）達の間で評判となり、大盛況となったそうですよ。

◆海員閣◆

銀座アスターを立ち上げるにあたり、矢崎氏はいろいろな人に料理人を紹介して欲しいと依頼したようです。その当時は、横浜南京町（現横浜中華街）も関東大震災で大打撃を受けて、復興の目途がなかなか立たなかったのですが、一八八四年創業の聘珍樓を立ち上げた張家の料理長をしていた張汝深氏を、迎え入れることができました。

その後、横浜も徐々に活気を取り戻していきます。

一九二八（昭和三）年には、張汝深氏の奥様が「海員閣」をスタートさせました。その三年後、張汝深氏は銀座アスターの料理長を後進に譲り、自分は奥様の店を手伝うようになりました。名物は、干煎大蝦（大海老の殻煮）、焼売（焼売）、豚バラ／牛バラの煮込み、そして海鮮のうま煮です。そしてこの「うま煮」が、八宝菜系のことです。

三代目までは、コークスを使用した最後の店として有名でしたが、原料の高騰や取引先の減少、コークス窯を修理できる職人の不在などで、コークスを使用することが困難になり、一度閉店しました。

長期休業を経て二〇一八（平成三〇）年にリニューアルオープンした際には、ガスコンロの調理場になっています。現在は、縁者の方が四代目として頑張っています。

座菜《ツオツァイ》

清蒸《チンジョン》

格式の高い宴席では、大皿に魚一尾をドン！と載せた一品で、大菜を〆《しめ》ます。

広東料理では「清蒸」という料理方法で、下処理をした魚一尾を皿に入れ、そのまま蒸します。

その上にネギや生姜の千切りを載せ、醤油やナンプラーなどを合わせたタレをかけ、最後に熱い油をジャッと回しかけます。

この時の香ばしい香りが、食欲を更に刺激するのです。

食べると、さっぱりとした味付けです。

日本の一般的な中国料理店では鯛やスズキで、高級広東料理店や香港ではナポレオンフィッシュや赤ムツ（ノドグロ）、黒ムツなどが使用されています。

ちなみに、このタレをご飯にかけると、いくらでも食べられちゃいます。

点心類

点心は、禅宗から来た言葉で、「空心に小食を点ずる」という意味です。点は少量、心は身体を意味するので、「空腹時に少し頂くもの」となります。小腹が空いた時のおやつで、朝昼夜の食事ではなくて、その間に食べるようなものです。中華街などで見かける大きな肉まんも、おやつ感覚ですよね。

中国での正式なコースでは、料理と料理の間に出てきます。花巻《ファアジュン》（蒸しパン）や銀絲巻《インスーチュン》（小麦粉を麺のように細長くしてパンの中に詰め込んだもの）、割包《カッポウ》（中華まんの皮）などは、具が入っていなくて、料理と共に提供されて、料理を挟んだりソースをつけたりして一緒に食べます。

日本のコースで塩味の点心が入る時は、麺飯の前がほとんどです。甘味のある点心は最後の方で、冷たいデザートの前に出ます。芝麻球（胡麻団子）や桃饅頭（桃まんじゅう）を出している店もありますね。

飲茶との違い

飲茶は、生活の中に溶け込んだスタイルです。

一般的には、食事というより「軽食をつまみながら、おしゃべりすること」が中心です。ビジネスマンは、商談しながら利用しています。

日本でも飲茶が騒がれた時がありましたが、結局根付きませんでした。飲茶のスタイルが、生活習慣に適合しなかったからでしょう。

中国本土のお茶屋は、規模がもの凄く大きくて、一棟まるごとです。

一階は日本の大規模喫茶店みたいな感じで、二階以上からは個室になっています。各個室には二部屋あって、一部屋は話をする応接スペースで、もう一部屋はダイニングスペースになっています。ホテルのレストランの個室もこういうイメージです。やはり中国本土は面積がいっぱいあるからですかね、ゆったりと優雅な作りになっています。

日本で飲茶を本格的に取り入れた店は、横浜中華街の聘珍樓や大珍樓です。伊藤ハムは西麻布で大型店舗「香港ガーデン」を開業しました。

飲茶専門店では、ビュッフェのようにチャーフィングに点心を入れて提供もしていますが、ワゴンスタイルが人気です。

ワゴンに熱々の点心を載せて客席間を行き来すると、お客様は好きな点心を自分で取ることができるので、とても良い演出で、お客様も喜びます。

経営的には、その場で清算するキャッシュオンデリバリーか、最初から食べ放題のような一律の料金体系にするかになります。ただ、キャッシュオンデリバリーは、現金の場合は不正行為が発生しやすい環境になっていました。現在はキャッシュレス決済が普及しているので、ワゴンサービスも見直されてもいいかもしれませんね。

皮　南北違い

「北は小麦、南は米」と昔から言われていますが、辻調理師専門学校の横田文良先生の著書によると、南では点心でも米粉を使います。

上新粉の原料はうるち米で、発酵まで考えて仕込むと、伸びて破れない皮になります。「小麦粉が手に入らないから」という時代背景もありましたが、「北の小麦なんか使わなくても、できる！」という南の料理人の意地もあるようです。逆もそうですがね。

南側の点心の皮は薄くて半透明で伸びるのが特徴で、北の点心の皮は厚くて弾力があるのが特徴です。

小籠包

小籠包や北京ダックなどの原型の発祥の時期は、外食が始まった宋時代になるようです。「その時代に金銀銅による貨幣が広く使われるようになり、外食が本格化していったようだ」と、前出の横田文良先生の著書『中国の食文化研究』〈山東編〉、〈北京編〉、〈天津編〉（発行 辻学園調理製菓専門学校）の中に記載されていました。

小籠包は小麦粉を使っているので、北のはずです。ところが、現在も上海の豫園にある「南翔饅頭店」が発祥だと、広く言われています。他にも、北宋の南京とか開封とか諸説あるそうです。私の個人的な見解としては、「そもそも肉汁が溢れるような饅頭が好まれていて、それが進化していったのではないか」、と思います。

ちなみに、上海の中国人調理人達や、赤坂の時に顧客だった中国大使館や常連の上海人は、「上海人は小籠包がそんなに好きじゃないんだ。名物は、生煎饅頭なんだよ」「豫園の小籠包は確かに有名だけど、地元の人はそんなに行かない。小籠包を有名にしているのは、上海以外の中国人や外国から旅行で来た人達なんだよね」、と言っていました。

◆南翔饅頭店◆

上海に南翔という地名はありますが、店が所在する豫園とはかなり離れています。

そこで「南翔饅頭店」という店名の由来を、調べてみました。

南翔饅頭店は「長興楼」という名前で創業したそうで、その創業者呉翔升氏が独立する前に修業した店が、南翔にありました。

上海最古の庭園といわれている古猗園にある「上海古猗園餐庁」です。

そこの創業者黄明賢氏が肉まんを売り出したところ、思うように売れませんでした。

その上、客がその肉まんをちぎって池の魚にやっている光景と遭遇して、「私が必死で作っている肉まんをエサにするなんて、悔しい！」と更に改良を加えて、一八七一年に「南翔大肉饅頭」を売り出したところ、大行列の人気店となりました。

ところが、お客さんの並んでいる数が徐々に減ってきました。おかしいと思って、周辺を調べたら、同じような肉まんを、自分の店より安く売っていた店が数件ありました。

「よし、それなら他で真似ができない、ここでしか食べられないものを作ってやる！」と決意した黄氏は、いろいろと試作を作り続け、ついに小籠包が完成したそうです。

その黄氏の店で修業をしていた呉翔升氏は、一九〇〇年に職人の趙秋栄氏と共に観光地として有名な名勝地「豫園」で、創業しました。

訪れる人々から噂は広がり、現在でも観光客が大行列を作る店となり、小籠包は有名になったということです。

立身出世の物語みたいで、「本当ですか?」という感じもありますが、まぁ、中国料理でありがちな説明ですね。

小籠包の食べ方

食べ方は人それぞれで、そしてその全てが正しいというのが、鉄則です。

ただし、教える立場にある者は、しっかりとアンテナを張らなければいけません。

サービス人は、正しいと思われる食べ方を、話題として持っておくことが大切です。

そして正しい話題を持つためには、「常に正しいと言われていることを疑う姿勢」も大切です。

ちゃんとした食べ方を教えてあげることが、その料理を食べる時にそのお店に来る動機に繫がることもあります。

小籠包は、皮の上が絞ってありますが、それは一口で食べて口の中で潰《つぶ》すからです。

「熱いでしょ!」と思うでしょうが、例えばグラグラ煮立った熱々のスープをそのまま飲みますか。フーフーするでしょ。それと同じ理屈で、小籠包をしばらく置いておけば、ちょうど良い温度になります。

それを口の中に放り込んで食べると、潰れた瞬間に美味しいスープと具が一気に口の中に広がって、「旨し！」となります。

小籠包の通な食べ方で大事なのは、「適温を見定めること」なのです。

「レンゲに乗せて、上の所をかじって、スープを飲んでから食べるんじゃないの？」と言われそうですが、口の閉じたタイプでその食べ方をすると、せっかくスープを包んでいる意味がなくなります。

ではなぜその食べ方が広まったのかというと、漫画『美味しんぼ』と「聘珍樓」の影響が強いのではないかと思います。

実は、美味しんぼと聘珍樓は、密接な関係があるのです。

美味しんぼの中で中国料理の大家として出てくる周大人《シューターレン》氏のモデルは、聘珍樓をバブル期に多店舗高級店として広げていった林家二代目社長の林康弘氏と、炎の料理人で聘珍樓料理長としてブレイクした故周富徳氏を合わせて作った人物です。

そして美味しんぼは小学館ですが、担当の女性がヒロイン栗田さんのモデルだと言われていて、そしてその方は、聘珍樓社長林康弘氏の奥様になるのです。

話を美味しんぼに戻すと、主人公の山岡氏が「私は、小籠包は熱々をそのまま食べるのが好きなんだけど、凄く熱いから、こういう食べ方もあるんだ」と言って、「レンゲに乗せて、上の部分をかじってスープをすすったら、生姜の入った酢にちょっとつけて食べる」という食べ方を紹介しました。そして聘珍樓でもその食べ方をお客様に案内していました。

『美味しんぼ』というグルメブームの象徴的存在の漫画と、日本で飲茶を広めた聘珍樓が紹介したので、その食べ方が「口コミ」で広がったのでしょう。

ではなぜ「スープを飲んで」となったかというと、もう一つの小籠包、上の部分が絞られていないタイプ（香港系はこちらが主流だと思います）は、口の開いている部分からスープを吸ってから、食べるからだと思われます。

このタイプの小籠包だと、熱々を飲んでも、不思議と熱過ぎず、普通に飲めるのです。

それから、生姜の入った酢（黒・白・赤）につけて食べます。

こうすると、上品に食べられます。作る方も、スープを多めに入れることができます。

口の閉じたタイプは、スープをいっぱい入れると、破裂してしまいます。

それに、かじったりすすったりという行為はあまり上品ではないし、そもそもわざわざスープを閉じ込めているわけですから、皮を破ってすすったら意味がないですよね。

「小籠包を作った料理人は、どうやって食べてほしいのか」を考えてあげれば、分かると思います。

実は、聘珍樓以前から、小籠包は日本にありました。老舗として今も営業している、芝大門近くの「新亜飯店」です。ここの小籠包は、以前は皮の上部を絞って閉じているタイプでしたが、先日食べに行ったら香港式の上部の口が開いているタイプになっていました。

一九六九（昭和四四）年創業の新亜飯店の創業者は、伝説のレストラン「留園」（テレビCMで有名なリンリンランランリューエン）の経営者盛毓度氏の兄弟だそうです。

そして留園が閉店した時に、そこの料理人が「新亜飯店」に移ったようです。

そういえば、私が勤めていた赤坂「上海大飯店」には特級点心師がいて、小籠包の特大バージョンの「准安湯包」も出していました。それはストローを差して、スープを吸うのですが、ストローだと熱いですよね。

いろいろなタイプの小籠包があるということを理解して、形状によって食べ方がちょっとだけ違うことを理解していると、より美味しく食べられるようになると思います。

水餃子

大陸側では、スープに入れて出すのではなく、ボイルします。

そもそも水餃子は、大陸の特に北側では、「お正月に食べるご馳走」という位置付けで、お父さんや息子は生地を作って、お母さんや娘は具を作って、みんなで餃子作りをしていました。

瀧満里子先生の著書『「中国料理」に魅せられて』（キクロス出版）にも出ていましたが、棗《なつめ》や枸杞《くこ》、慈姑《くわい》などを入れれば健康長寿とか、お金を入れれば今年は金運に恵まれるとか、そんな楽しみ方もあります。

それが、家族団欒のイベントというイメージになっている所以かもしれません。

今は、お正月は外食で済ませることも多いと思いますが、受け継がれた風習のイメージはあるのでしょうね。

コスト的に安いので、留学などで海外生活をする人は、水餃子を自分で作っていますね。

◆まかない餃子◆

赤坂で勤務していた時に「今日のまかないは、水餃子ね」となると、中国人スタッフは嬉しそうな顔をしました。

厨房を含めて一〇人位ですが、皮が厚めの餃子が、バットに積み重なって、三〇〇個位でした。一人で一〇～一五個位は普通に食べます。

飯を食べてもいいけど、基本的には水餃子だけを食べます。

「水餃子だけ食べたら、飽きちゃうんじゃないのかなぁ」と思うでしょうが、三～四回こういう食べ方をしていると慣れます。私は、一五～二〇個は食べていましたね。

これだけの数を飽きずに食べられるのは、具がシンプルだからです。

キャベツや白菜の切れ端をみじん切りにして、肉は掃除した残りを挽肉にして使います。ニラやニンニクは入れません。香味野菜のネギや生姜、塩と酒で味付けするだけです。

その代わり、タレは自分の好みで調合します。刻んだニラやニンニク、パクチー、醤油、黒や白の酢などを入れて、味変したりして、楽しい食べ方です。

目の前にある凄い数の水餃子を、みんなでどんどん減らしていくわけです。

焼き餃子

水餃子は一度にたくさん作るので、余ってしまうことが珍しくありません。

小麦は発酵するし、今みたいに一般家庭で冷蔵や冷凍をすることはできないので、発酵を止めるためにも、包んだ餃子はボイルします。

ボイルした後にまた残ったら、どうしましょうか。

再度ボイルしても、蒸しても、皮がダルダルになって、中の具が飛び出てきます。ですから、時間が経った餃子は焼いちゃいます。まぁ、ぐちゃぐちゃにはなりますが、油で焼くと香ばしくなるので、食べられます。無駄にはしません。

これが、日本的焼き餃子の始まりだと言われています。

日本での焼き餃子については、多くの方がいろいろ書いていますが、背景として戦後の歴史が大きく関係しています。

戦時中の多くの男性は、国に徴兵されていましたが、戦後に戻って来たことで人口が増えて、しかも食べ盛りの人達ですから、日本は急速に極端な食糧不足になりました。

外国にいた多くの日系人が食料や衣料品を買い集め無償で送ってくれたのが、ララ物資

（アジア救援公認団体またはアジア救済連盟が提供していた日本向けの援助物資）です。

その後、占領国筆頭のアメリカ政府からも物資が送られるようになりましたが、日本が立ち直った後、援助のはずだったのに、いつの間にか買い取りということにされて、多額の請求をされたそうです。

そんな占領国統制下では、貨幣価値がなくなり、農村から物資を運ぶ術もなくなったので、物々交換が主流となり、闇市が至る所で開かれるようになりました。

飲食店の営業は禁止されていましたが、闇市では、戦地からの引揚軍人などが向こうで覚えた食べ物を提供していました。その中に、「焼き餃子」も含まれていたのです。

やがて飲食店の営業が再開され、「焼き餃子」はラーメンと一緒に普及して、ご飯のオカズやツマミとしての地位を確立して、日本の国民食となっていったのです。


ちなみに日本では最初から焼いて食べることが目的の餃子ですが、中国本土にもそれはありました。

「紅虎餃子房」は、細長い餃子を鉄板で焼いて提供して、一世を風靡し、今も全国展開をしています。あのタイプの餃子は、最初から焼き餃子のためです。

棒餃子または鉄鍋餃子と言っていますが、皮が薄いタイプですから、上海方面の煎餃というタイプかもしれませんね。

下味

焼き餃子を提供しているお店は二つに分かれていて、餃子自体にしっかり味を入れる店と、そんなに味を濃くしない店です。

なぜそうなったのかは、その店を使うお客様によると思います。

焼き餃子を醤油や辣油で食べる人は、つけて食べたいのです。

作っている店側は、一応調味料をつけて食べることは想定していますが、そのままでも食べられる味付けにしているので、「そんなに醤油とかつけちゃったら、旨くないでしょう」という思いがあります。

基本的に料理人は、「料理は、そのままで食べて欲しい」、でも「お金を払うお客様の好みで、食べて欲しい」という、相反する思いが交差しています。

調味料をつける食べ方をする人が多い店の場合は、餃子にあまり味を入れないようになっていくのだと思います。

◆酢胡椒◆

闇市には多くの店がありましたが、東京で最初に餃子を広めたと言われている店が渋谷の「友楽」後の「珉珉羊肉館」で、二〇〇八年まで営業していたそうです。

名前の通り、最初は羊肉を使っていたようです。これは軍服などの羊毛が主に必要になり、残った肉が安価で手に入ったからだと言われています。店名に羊を入れたのは、中国的には羊が豚や鶏、牛よりも位が上だったことも、関係していたかもしれません。

現在こちらの系譜を継ぐ店は「赤坂眠眠」で、私も行ったことがあります。

名物女将というか名物おばあちゃんに、「辣油と醤油は違うよ。白酢と胡椒でなきゃ駄目だよ！」って、言われました。厚めの皮で、表面が油でバリバリになっていて、中の具はしっかりとした味付けですから、確かに酢胡椒が合います。旨かったな。

何年か前から、酢胡椒がまた流行り始めましたが、そもそもはこの店からだと思います。

昔の中国料理店という感じですから、アラカルトは一皿の量が多くて、結構いいお値段です。なかなか行きづらい場所でもありますが、機会があればまた行きたいな、と思っています。

海老蒸し餃子

海老蒸し餃子、蝦餃《ハーカオ》は、広東料理で、人気がありますね。

包む皮は基本的に浮き粉（小麦粉からデンプンを精製した粉）ですが、上新粉（うるち米が原料の米粉）を使用する店もあります。

「南の人間は北のものをあまり使いたくない」というのもあるようで、「じゃあ、小麦粉じゃなくて、米で作った粉を使えばいいじゃん！」みたいな感じです。


蒸し餃子に限らず「蒸す」点心は、飲茶のイメージで、広東料理になります。

なぜ「蒸す」のかというと、その地域の水と関係しています。

中国料理研究家の木村春子先生の著書『火の料理・水の料理』（農文協）に、「水の良くないところでは、加熱調理することが多く、東アジアで古くから行われている『蒸す』は、泥水に浸さなくても加熱できる調理法である」とあります。

「汚い水で煮込んで温めなくても、蒸すことで素材は温めることができる」ということです。その習慣が定着しているので、煮込み料理ではなくて蒸し煮する調理方法などが、広東料理の特長になっていると思われます。

「海老蒸し餃子の皮って柔らかいから、焼くのが難しくて、それで蒸しているんだよ」という話がありますが、その説はあり得ません。そもそも無理に焼く必要はないですよね。

飲茶に「腸粉」というのがあって、この皮は米粉（上新粉）で、皮が厚めで、中の具は海老、チャーシュー、牛肉などです。

食感がつるんとしていて、ペロンペロンみたいな感じで、私は結構好きです。作るのが難しいようで、あまり見かけなくなりましたが、これはフライパンで焼きますカリカリにするのではなく、温める感じです。

海老蒸し餃子でもこの調理方法は応用できるので、「皮が柔らかいから、蒸している」ということではないと思います。

大根餅

北側のお正月や春節の料理が水餃子なら、香港や台湾、広州など広東方面は大根餅です。

中国的には、蘿蔔餅《ローボーピン》と書きます。蘿蔔は大根ですが、そもそも大根は冬が旬の野菜ですから、食材（時期的に正月も含む）として使用されていました。

大根餅は、両面を焼きます。表面がカリカリで、中が滑らかな感じです。


日本では「ダイコンモチ」という名前からか日本の餅《もち》を想定しがちですが、大陸側では粉物を練った食品を餅《ピン》と表現します。

「もち」と「ピン」は違うものです。大陸的な表現は、分かりづらいですね。

広東方面での名前は、蘿蔔糕《ローボーガオ》です。大根は同じですが、餅ではなくて糕《ガオ》になります。漢字の表現でも、広東方面と大陸側では違いますね。


春節になぜ食べるかというと、大陸側では、得意のおとぎ話系で「有名な誰それが」とか、「昔の仙人が」などの話が必ずあります。

一方、広東方面の蘿蔔糕の説明は至ってシンプルで、「糕」は「高」と同じ読み方で、「高」は高みに上るとか上昇するを意味するので、つまり「お正月に大根餅を食べると、運気が上昇する」という程度の説明くらいしか見つかりませんでした。

春巻き

春節（旧暦のお正月）に旬の食材を巻いて食べるので、春巻です。

本来の春巻の皮は、小麦で練って、棒状にして、それを三～四センチ位に切り分けて、切った塊を綿棒で円形に薄く延ばします。そして油は引かずに、平らな鉄板（フライパンでも可）で軽く焼くと、出来上がりです。

今は、業者から皮を仕入れるのが、一般的です。

中の具は、基本的に、タケノコや椎茸、豚肉、ニラなどを細切りにして、醤油ベースで炒めて、水溶き片栗粉でとろみをつけて、余熱が取れるまで放置します。

それを包んで揚げると、春巻きの完成です。だいたいこれが、今のスタンダードですね。


「春巻は、春餅から来た」という説があり、春餅の発祥は春秋時代で、二〇〇〇年以上前になります。

「北京発祥」説では、包む皮は北京ダックでも使う薄餅です。

その薄餅に、各食材を自分で包みます。春に芽吹く野菜を摂ることで、「身体から毒素を取り去り、健康で過ごせるように」ということなのです。

薄餅の上に蛋皮《タンピー》という薄焼き卵を載せてから、具材や甜面醤などの調味料を加えて巻いたりもします。

あらかじめ巻いた状態にして提供するのは、屋台などでの出し方になります。

それとは別に、「一三〇〇年前の広東や台湾、福建が始まり」という説もあります。

ただ、高価な油が普通に使えるようになるのは近年ですから、揚げた春巻にそんなにも古い歴史はないかもしれません。原型といわれる春餅は、基本的に揚げませんからね。


いつからか油が昔ほど高級品ではなくなって、揚げ物が手軽にできるようになりました。先に巻いてから揚げることで、「熱々で、旨い!」と、普及していったのではないかと、想像しています。

ちなみに四川方面では、今も春巻というよりは春餅ですから、揚げていないのが主です。

私的には、「春餅」の食べさせ方をもう少し考えれば、コースの重要な一品になると思います。

とても美しい料理だし、食べさせた後に「実は、春巻の発祥はこれなのです」と説明すると、「え～!」となるのは、目に見えています。

◆高級コースの春巻◆

春巻なので「春に食べるというのが定番か」というと、現在では通年食べています。それならば、夏巻や秋巻、冬巻があってもいいですよね。

普通と違う視点で登場して一時期流行ったのが、鮎の春巻です。

岐阜の名店「開化亭」、そして「銀座Furuta」を代表する料理です。

私は「目黒雅叙園」で蓼ソースと塩で頂きましたが、実に美味でした。

フカヒレで有名な「筑紫樓」の隠れた逸品が、実は春巻です。パリっとではなくバリッとした食感は、あえて具を詰め込み過ぎないで空洞を作るからこそできる技です。

詰め込んで巻くのは簡単ですが、空間ができるように仕込んで揚げるのは料理人の技量になります。機会があったら、筑紫樓の春巻をぜひお召し上がりください。

春巻は、「高価なコースで出すのは、抵抗がある」と考える人もいるでしょうが、名店の春巻に接すると、旬の具材や高価な具材を使って、且つ美味しいのですから、出しても問題ないと思いました。

実際に、高価なコースに組み込んで、お洒落な形状の春巻を出している店が、他にもありますからね。

◆いろいろな春巻◆

台湾に行った人のフェイスブックを見たのですが、春巻の皮は、台湾では「潤餅《ルウビン》」と言い、クレープのように作ります。クレープよりもっとドロドロした感じですが、南側ですからやはり米粉を使用していて、小麦で作った薄餅よりもモチモチ感が強そうです。

それに具材を巻いて、食べるようです。

薄餅も潤餅も焼くので、食感の違いはありますが、通じるものは確かにあります。

「生春巻」もライスペーパーですから、米粉で、モチッとした食感です。

ちなみに、英語で揚げた春巻は「スプリングロール」ですが、生春巻は「サマーロール」です。英語圏には揚げ春巻が最初にあって、その後に入って来たのが生春巻なので、「春の後に来たから、夏」になったそうです。

新小岩、両国、日本橋、人形町の日本中国料理協会本部近くには「東京はるまき」という春巻専門店があって、主にテイクアウトですが、揚げ、焼き、生、スイーツなどの商品があります。

そういえば細巻きで中身がアンコの春巻が、デザートとして一時期流行っていましたね。

焼売《シュウマイ》

焼売は、挽肉ベースのあんを、小麦粉の皮で包んで、蒸したものです。小麦粉なので「北が発祥」だと想像できますが、「広東方面が発祥」という説も強いようです。

やはりこれには、歴史と民族の移動などが関連してきます。発祥は、やはり内モンゴルや北京、宋が都を構えた開封などと言われています。北側の焼売は「菊花焼売」と呼ばれていて、皮が厚くて比較的大きめなのが本来の特徴です。

南の焼売は、皮が薄めで小ぶりなのが特徴なので、ずいぶん違いますね。北京の焼売で有名な老舗「都一処」は、凄い歴史を持っていますが、リニューアルを重ねて、現在は皮が薄めで芸術品のような美しい焼売を提供しています。

長い歴史の中で人々が行き交いしたことで、南の特産が北へ、北の名産が南へと向かい、新しいものが生まれているのです。

◆博雅亭◆

焼売といえば、崎陽軒が有名で、始まりみたいに考えている人が結構いますが、実はそうではないのです。

焼売を最初に横浜で提供したのは、鮑棠《パオタン》氏です。読売新聞社横浜支局編著による中華街一五〇周年の本に、この人の話が出てきています。

「博雅亭」は、一八八一（明治一四）年に横浜居留地（現横浜中華街）で創業し、一八九九（明治三二）年に伊勢佐木町へと移転しました。

鮑棠氏は居留区時代からの住人で、中国人として居留地以外の場所に住むことを認められた第一号で、伊勢佐木町にお店を出すことを許可されたのです。

そもそも居留地は、決められた所から出ては駄目ということです。それが条約の改正、廃止となって、届け出制ではありますが、他の地域にも住めることになったのです。

その後鮑棠氏が事故で亡くなり、現在の東京大学に合格して学生をしていた優秀な四男の鮑博公氏が、急遽店を引き継ぐことになりました。博公氏は亡き父を故郷に帰すことと料理人としての腕を磨くため、中国本土に渡り、いろいろと勉強して、帰国しました。

そして「冷めても美味しい焼売にするには、どうすればいいか？」の試行錯誤を開始しました。やがて、高座豚と北海道産の乾燥貝柱と車海老を加えた、冷めても美味しい「博雅の焼売」が完成したのは、一九二二（大正一一）年のことでした。

博雅亭はその後、焼売発祥の店として横浜のデパートなどに出店するようにもなります。野毛や山手、山下町の地元の人にとっては、焼売といえば崎陽軒ではなくて博雅亭だったのです。

鮑博公氏は、料理人としても有名な方で、東京にも進出して、料理学校などで講師をしたり、当時の料理関係の雑誌などには中国料理についての記事が掲載されたりしていました。中華街でも重鎮で、華僑連合会の初代会長です。中華学校のイベントがあると、いつも惜しまずに寄付をされていたそうです。

子供達も優秀で、優秀であるがゆえにお店を継がずに皆さん医者として独立したので、後継者不在ということで、博雅亭は惜しまれながら閉店となりました。

今も都内や地方に「博雅」という名の中華料理店が存在していますが、鮑氏となんらかの関係があるのかもしれませんね。

そして現在、「博雅の焼売」は縁者によって当時の味を再現され、横浜市神奈川区神大寺にテイクアウト専門の店舗を構えて、通販でも注文できるようになっています。

鮑博公氏は、中国料理界のレジェンドとして、もっと知られていい方だと思います。

◆崎陽軒◆

博雅亭で生まれた焼売は、横浜の通称南京町を中心にした中華系のお店で「突き出し」として広まり、「崎陽軒」というブランドを広めた野並氏との出会いに繋がります。

一九二八（昭和三）年に崎陽軒が始めた焼売が全国的に広まったきっかけは、一九五〇（昭和二五）年に登場した「シウマイ娘」でした。

赤い服を着てタスキをかけ、手籠に焼売を入れて「焼売はいかがですか～」と車窓から売り歩く姿は、「横浜にシウマイ娘あり」と、話題になったそうです。

決定的になったのは、一九五二（昭和二七）年に毎日新聞で連載された獅子文六氏（グルマン《グルメ》という言葉を日本に広めた人物です）の小説「やっさもっさ」に、「シウマイ娘」が登場したことです。

翌年には映画化され、シウマイ娘に桂木洋子、野球選手に佐田啓二と、当時の売れっ子コンビが扮しました。

「シウマイ娘」のおかげで売上げが上がり、崎陽軒の焼売は全国区になっていくのです。

ちなみにこの小説には、南京町の「水師閣」という店が登場していて、それは八宝菜の項で紹介した「海員閣」のことです。

饅頭《マントウ》

中国的な感覚でいうと、饅頭は日本の蒸しパンのようなイメージです。単品で食べるというより、料理を挟んだり、料理と一緒に食べたりします。香港や台湾では、饅頭を揚げて、タレとかソースにつけて食べるのを好みます。

花巻《ホアジュアン》は、ほんのり甘くてふわふわした食感です。割包《クワパオ》もちょっと甘くて、割って、料理を挟んで食べます。中華街などで、豚の角煮を挟んで売っていたりしますね。

馬拉糕《マーラーカオ》は、丸い蒸しパンです。ちょっと甘くて醤油の風味も感じられます。カステラのような食感です。

◆諸葛孔明◆

饅頭は小麦粉から作られているので、北の方だと思うのですが、ここにもおとぎ話系があります。主役は、三国志の英雄、諸葛亮孔明です。

中村屋さんの公式ページが、中華まんの説明として、こういう話を載せています。

南蛮征伐の帰路、暴風雨のために河が大氾濫して、行進できません。

この地域では「四九名の人身御供をすれば、氾濫が治まる」という風習があり、それを部下から献策されます。しかし、「戦はまだまだ終わらぬ。これ以上人を犠牲にしたくない」として、小麦粉を水で練り皮として、羊などの肉を具にして中に入れ、人の頭に見立てて、河への供養としました。

そうすると暴風が静まり、河の氾濫も治まったというのが饅頭の始まり、という話です。


実際に饅頭をこの時代から作っていたのならば、日本のおむすびみたいに携帯食にしていたのかもしれません。しかし饅頭は日持ちしないので、携帯食として向いているのか疑問ですよね。そもそも、三国時代に小麦を挽いた小麦粉が、四川から南方面にあったのかどうか、不明です。

ちなみに三国志と呼ばれる読み物は、三国志演義のことを指すことが多いので、事実に基づいた部分のあるフィクションです。一騎当千とか、二〇～五〇キロほどある青龍刀を一人で振り回すとか、大げさに書かれた娯楽小説なのです。

ですから、実際はどうなのかは分かりませんね。

包子《パオズ》

包子は「粉製品を水分で練って具を包んだもの」という意味で、具の入った饅頭ですね。肉まんは肉包子《ルーパオズ》や小肉包《シャオルーポウ》、あんまんは豆沙包子《トウサパオズ》などのことです。

蒸したては旨い

赤坂で勤めていた店では、点心は特級調理師が作っていました。その時に食べた包子は、肉まんもあんまんも「こんなに旨いんだ！」って、感動しました。

包子は粉物の練り製品なので、発酵がとても重要です。二時間寝かせて、具を包んで、一度蒸します。蒸して発酵を止めなければ、皮がダルダルになってしまうからです。

蒸して、粗熱が取れたら、冷凍や冷蔵の保存をします。

いつ注文が入るかは分かりませんから、保存することも重要なのです。

実は、最初に蒸したタイミングで食べると、皮がふわふわで、中の具もフレッシュで、凄く美味しいです。しかし残念ながら、これを食べられるお客様は、まずいないですよね。

このタイミングで本当に美味しい包子をお客様に提供できる環境を作る、例えば人気のパン屋さんのように「何時に出来上がります」というシステムを作れば提供できますが、果たしてそこまでして包子を提供する自信や覚悟が持てるかは、経営者次第になります。

実は赤坂の時に、ランチはバイキングだったので、何日かやってみました。本当に美味しいので、評判になれば、原価は安いし、儲けが増えますからね。

ところが、三〇分位すると、皮の水分が飛んでだんだん硬くなってきて、一時間もすると変色して、黄色くなるのです。それ以上になると、カピカピになってしまいました。

ちゃんとやるのならば、二〇分位で常に作る状態で回さなければいけないし、残りは廃棄となります。「売り切り御免で、常に足りないくらいでの回し方になるのかなぁ」などと考えましたが、かなり難しいですね。


専門店ならば、できる可能性はあります。包子しか売ってない店で、具も肉とあんこだけで回転していくと、やれる可能性があるかもしれません。

それでも、経営的に難しいかもしれませんね。

コンビニの包子は、何時間も経過しても色が変わりませんよね。企業努力で、いろいろな薬品を加えて、変色させずに柔らかさも維持しているのでしょうね。

冷凍

お土産がメインで、「食べ歩きもできますよ」という店は、冷凍保存がほとんどです。今は、多品種で、効率重視だし、冷凍の技術が発達しているので、大量に仕込みをして、冷凍保存するのが一般的なのです。そのおかげで、物販もしやすくなりました。

バブルが弾けた時、聘珍樓さんは倒産の危機にありましたが、それを回避できた大きな要因として、デパートでの物販やお土産が凄く売れたことがありました。

もちろん、採算が合わない店舗を閉めたことも大きいですけどね。

聘珍樓のV字回復は中華街でも知れ渡り、物販は儲かるという認識になりました。

外注

物販が流行りだした当時、横浜中華街にある「聘珍樓」「満珍樓」「大珍樓」は点心をメインとした工場を持っていたので、中華街の店は三社のどこかに発注していました。

工場に自分の店で出しているレシピを提供して、試作を何度かして、店側が納得する商品を作ってもらうのです。

外注を受ける工場側のメリットは、その店のレシピをもらえることです。

店側のメリットもあります。

まずは衛生面での責任回避です。

いい加減な環境で冷凍したり真空パックしたりすると、カビが生えたり、食中毒が発生したりして、責任問題になりかねません。

万が一トラブルが発生した場合、店側の管理体制に問題がなければ、店は責任を回避できます。これは非常に大きいメリットです。

また、最低注文数は双方で取り決めますが、店側は発注すればいいだけなので、在庫管理が容易になります。

次に、人件費です。

点心師の需要は多くて、給料が結構高いですが、店で雇わなくて済みます。

お土産の店を出す場合も、職人が不要で、売り子だけで済みます。

諸経費も削減できます。

点心用の厨房スペースやホールの什器備品も、不要です。

お土産店を出す場合は、水光熱費や家賃が、レストランを出すよりも抑えられます。

とても効率的ですよね。

◆あんまん◆

日本に最初に伝わった包子は、具が肉でした。

あんまんは、「南北朝時代に中国に修行をした奈良の偉いお坊さんの従者が、仏門に仕える身の物は肉は食べられないので、その代わりに小豆を甘く煮詰めたあんこを作って入れた」のが始まりと、言われています。

中国本土的では、小豆は解毒作用などがあり、薬効のある食材という認識が長くあったので、完全な食用、しかも甘く煮詰めるような食べ方が主ではなかった可能性も大ですね。

胡麻団子

中国語では芝麻球《ツーマーチュウ》で、胡麻揚げ団子となります。日本の胡麻揚げ団子は甘い大豆が入っていますが、広東の団子の小豆は塩味だという説もありました。

私は中国人の多い職場に長く携わっていますが、まかないで普通に使用している豆類は緑豆や大豆などで、小豆以外の豆を食べていることが多いと思います。

一方日本は、羊羹やお汁粉、赤飯、みつ豆、あんみつ、饅頭やパンの具等々、昔からかなり小豆を食べる国ですから、「胡麻揚げ団子のあんに小豆を使用したのは日本で、それも横浜中華街から」という話を、どこかで読んだか聞いたかした記憶が、私にはあります。

ちなみに羊羹は、字の如く羊の羹なので、本来は肉を冷まして煮凝りにしたのが原型です。これも仏門から伝わったので、「肉の代わりに小豆を代用した」と言われています。

羊を使った中国料理の羊羹が食べられるのは、横浜は関内、馬車道の「揚子江」です。

オーナーシェフの黄成恵さんは名料理人でありながら、名支配人でもあります。「楼外楼」といえば赤坂が本山ですが、原宿店が一番だと著名人から支持されていたそうで、その店のマネジメントを黄さんが行っていました。

◆巨大胡麻団子◆

巨大胡麻団子は、「煎堆皇《チントイコウ》」つまり胡麻団子の王様というのが名称で、別名では「風船団子」と呼ばれています。

胡麻の産地である重慶で最初に巨大な胡麻団子を作った店では、実は煎堆皇ではなくて、「光頭司令（ハゲ頭オヤジ）」という砕けたネーミングでした。

麻辣大学では「金水晶」という名前で提供していますが、一日最大一五個までしか用意していません。売り切れ御免です。巨大胡麻団子はインパクトが強いので、「いろんな店でやればいいのになぁ」と思いましたが、点心を一通りできる職人の中でも、これを作れるようになるまでに平均六週間はかかるので、誰でもできるわけではありませんでした。

まず中華鍋に油を引いて、結構高温になるまで待ってから、仕込んだ団子を炸鏈《ジャーレン》という穴の開いた片手鍋に乗せて、お玉を使って回しながら揚げていきます。

その膨らませ方が、非常に難しいのです。通常の胡麻団子は、低温で揚げないと破裂するので、じっくり油の中で回しながら揚げます。しかし巨大胡麻団子は、中高温で回しながら、軽く叩きながら揚げていきます。途中で穴があいたり楕円形になったりすると、やり直しです。綺麗な球体にするのは、非常に大変な作業ですね。所要時間は一〇分強です。

◆球の団子◆

「球」は幸せの象徴で、そもそもは玉《ギョク》から来ているのです。玉は石なのですが、不思議な力を持っていて、「身に着けると気力が張り、砕いて煎じると不老不死の妙薬となる」と、昔から言われていました。

結果として、玉は権力の象徴となりました。

権力は人々をまとめる力でもあるので、幸せの象徴となり、転じて球体は円満や団欒などの意味を持つようになったようです。

それを具現化したものが、球体のお菓子です。

広東には、球体のお菓子がいろいろあって、煎堆《チントイ》と言います。

大きかったり、小さかったり、中の具が肉だったりと、いろいろな種類があります。

その一つに芝麻球がありますが、中の具が小豆の甘いあんとは限りません。

月餅《ゲッペイ》

北京の月餅は、日本ほど甘くなくて、美味しいです。

他にも、お焼きみたいなものや、薄い餅《ピン》で挟んだ甜点心（甘い点心）もありますが、やはり日本ほど甘くない印象です。

日本では、中村屋さんのような月餅がスタンダードですが、中国ではパイ生地のような月餅もあります。

中のあんも、棗やカボチャ、サンザシ、胡桃などを甘く味付けしたものや、肉入りの塩味系、咸蛋《シエンダン》（アヒルの塩漬け卵）の黄身だけを使用したものなど、多種類あります。

中秋節で、月餅の年間総生産量八〇パーセントが消費されます。

本当に美味しい月餅が食べられるのは、この時季だけと言われています。出荷時期にあわせて、いろいろなお店が良い材料を試行錯誤して、しのぎを削るからです。

防腐剤などは極力使わないので、賞味期限はかなり短いですが、本当に美味しいですよ。

日本ではちょっと食べられないと思います。

◆咸蛋入り月餅◆

二〇年前の話ですが、赤坂で働いていた時、調理人達は以前北京の五つ星ホテル「崑崙飯店」で働いていたので、常連の中国大使館の方々や日本にいる中国VIPの方々のために、中国から月餅を取り寄せていました。

皮のしっとり感がそれまで食べていたものとは全然違うし、中身のあんも程良い甘さで、食感も硬すぎず柔らかすぎずでした。

その時に初めて咸蛋入りを食べたんですが、あんはハスの実でした。これが凄かったです。濃厚だけど臭みがなく、嚙みしめるごとに旨味が口中に広がるのです。

最近では、日本でも咸蛋入りの月餅を提供している店が多くなりました。

咸蛋が人気となり、単価も高く設定できるので、食材としての利用頻度が増えてきました。今では黄身だけを冷凍で仕入れることができるようになりましたが、これは似て非なるものです。

殻付きのちゃんとした咸蛋は、早めに食べると旨味と風味が凄くあります。

冷凍の黄身は、塩気があり、咸蛋独特の臭みが強くて、全然違います。

◆皮蛋《ピータン》◆

アヒルの卵を、灰や塩などと一緒に粘土で包んで発酵させて、熟成すると、黒い卵の出来上がりです。強いアルカリ性で熟成できることが分かってからは、アルカリ性液に漬けて作るのが、主流になりました。

「ピータンの臭いが苦手」という日本人が多いですが、それは古いピータンだからです。鮮度の良いピータンは、臭みはあまりなく、半熟で、どちらかといえば温泉卵みたいな感じで、美味しいです。

昔、日本に送られる時は、空輸ではなくて船便でしたから、古くて当たり前でした。古くなると凝固して切りやすくなるので、食べることよりも、綺麗に切って前菜の飾りつけなどに利用される存在になったのです。

現在も大量の場合は船ですが、温度などの品質管理が良くなっていますから、昔ほど悪い、または悪くなってしまったものは入ってきません。

それでも匂いが気になる方が多いのは、なぜでしょう。

新鮮なピータンは、白身というか黒味はツヤツヤしてなめらか、そして中身はトロッと濃厚で臭みなしですから、殻を剥いてゆで卵のように食べるのが、一番美味しいです。では、なぜそういう食べ方をしないのでしょう。

それは、これまでの経緯にあります。日本では、綺麗に切って出すことが定着していますが、半熟の卵は切り辛いので、一度蒸してしまいます。粗熱が引いて冷やしたのを使用するのが、現在の日本の中華厨房では、一般的ではないかと思います。

確かに切りやすくなりますが、ゆで卵と同じで、一度熱を通すと匂いは出ます。

ただ、昔は古くて凝固していた臭さでしたが、今は鮮度がいいものを蒸して使うので、匂いの種類が違います。

コストの部分もあるかもしれません。美味しいピータンを提供する場合は、殻をとって丸ごと出すか、二つに切って出す感じでしょうか。そうなると、個数が必要になります。

これまでのピータンなら、一個を八つ切りにして一皿に広げて、そこそこいい値段を頂戴していました。しかし丸ごとや二つ割りでは一個では済まなくなるし、かといって二個使って倍の値段にするのも躊躇しますよね。

中国本土やガチ中華系に行くと、二個とか三個を半分に切って、それなりの値段で出している店もあります。一個を無理矢理八つ切りにして、提供している店もありますけどね。

ちなみに最近は、鶏卵でもピータンを作っていますが、小振りです。

アヒルの方が、大きくて、濃厚で、栄養価も高いので、似て非なるものですね。

粽子《ゾンズ》／チマキ

粽子、チマキも点心です。

日本人を対象にした店のコースではあまり出ないようですが、中国人対象の店では、高級なコースに組み込まれています。

炒飯や焼きそばよりも、チマキの方が価値は上なのです。

私が食べた時に入っていた角煮は、凄く風味がよかったです。

咸蛋の黄身を入れたチマキも食べたことがありますが、これが本当に美味でした。


チマキは、端午の節句の時にかなりの数が出るので、ガチ中華店ではその時期にわざわざ手作りします。

日本に滞在している中国人に、大人気です。

また、味のないチマキが、結構好まれます。白い米に、竹皮の風味がふんわりと残っていて、美味しいです。ご飯と同じ感覚だと思います。

おかずとして辛い料理など食べた時には、この白いチマキがいいかもしれませんね。

◆咸蛋入りチマキ◆

咸蛋は、塩漬けしたアヒルの卵です。これは、浸透圧を利用します。圧倒的な塩分に囲まれると、中にある水分を外の塩がどんどん吸い取ってしまいます。白身はもの凄くしょっぱくなるので、食べないか、調味料的に野菜などと炒めます。水分を取られた黄身の部分は、凝縮してとても濃厚になって、美味しくなるので、月餅だけでなく、チマキにも使います。


二〇二四年六月一〇日は旧暦の節句で、粽《ちまき》の日でした。

中国ではその時はチマキを食べますが、その中にも咸蛋の黄身だけを入れたりします。

私の勤務している店では、WeChatで宣伝したら、一日で五〇〇個売れました。

中国のお客様を対象とする場合、WeChatはSNSで外せないツールになっています。

麺飯

台湾や香港以外の中国本土では、麺飯物は「腹を満たすためのもの」「余り物を寄せ集めて作るもの」という意識が強くて、家庭で食べたり、時間やお金がない時に食べたりするという印象です。

ですから、中国の正式な宴会では、日本的な麺飯類は出しません。

麺飯類は失礼

日本のコースでは、最後に麺飯類が出ることが、一般的です。

しかし中国本土の格式ある接待でのコースでは、「料理二品点心一品」という流れが続き、点心は、皮などが粉物で、そこで炭水化物を補っているので、麺飯類をわざわざ出さなくてもいいのです。

むしろ麺飯類を出すことは、宴の格が下がる印象になってしまい、相手に失礼になることもあるので、注意が必要ですね。

以前、中国本土の人を高級ホテルで接待して、最後に炒飯を出したら、「私は炒飯の人ですか!!」と中国人が怒って、帰ってしまったことがあったようです。

それだけ、麺類やご飯類の価値は、低いのです。

ですから、日本に来た中国人を、「ここは、特別美味しいラーメン屋さんですから」と連れて行ったら、もの凄く失礼になる場合が無きにしも非ずでした。

しかし、ここ二〇年位で変わってきました。

日本から中国にラーメン屋が出店されて、大人気になっています。そこに行って食べている人もいるし、日本に来てこっちの文化に慣れている人もいますからね。

中国本土で湯麺を食べると、凄い量を一度に手打ちするので、伸びていて旨くないです。本当に腹を脹らますためだけに食べる感じなので、日本のラーメンが中国で人気になるのは頷けます。

ただし、材料や麺、スープなどを日本から持って行かないと、クオリティが維持できないようです。

とはいえ、時代が進み、いろいろと試行錯誤もしているでしょうから、今は現地で上質なものを仕入れたり自社工場で生産したりできるようになっているかもしれませんね。

白米

中国の米は長粒種のインディカ米で、総生産量の七〇パーセントだそうです。パラパラした感じで、甘みがあまりありません。

日本の米は短粒種のジャポニカ米ですが、中国でも約三〇パーセントの割合で栽培して、高級品として販売されています。

三〇年位前、まだ若かった私が、日本に旅行で来た中国人に「ご飯物は、焼きそばと炒飯どちらにしますか?」と聞いたら、「何を言っている。せっかく日本に来たんだから、旨い米、白飯に決まっているじゃないか!」と言われました。

中国人にとって、日本のご飯はご馳走です。

「北は小麦」と言われていますが、北の人も日本にいる時は結構米を食べています。

美味しいという意識があるから、アラカルトでも、わざわざ注文するわけです。

多くの中国人が、美味しい白米を茶碗に大盛りにして、自分で選んだ向こうの味の中国料理と一緒に食べていますが、とても幸せそうな顔をしています。

ちなみに、中国人の好みはちょっと固めみたいです。

炒飯

中国本土の人は、麺飯類に対しては、美味しさを期待していません。中国では米自体が美味しくないことが、理由の一つだと思います。

日本唯一の特級大師として本場のコックに料理を教えていた四谷のおばあちゃん佐藤孟江さんから聞いた話です。

戦後の横浜中華街で食事をした時、「なんであんたたちは炒飯なんか作ってんだ？ 料理でもないもので、客を騙《だま》してんのかい！」って言ったら、「違うんだよ。日本人は炒飯が大好きなんだよ。俺は腕がいいから旨い炒飯が作れるし、コストが安いから儲かるだろ」と言われたそうです。おばあちゃん的には、余り物で作って、金儲けをしているという感覚です。しかし彼らは、手間暇をちゃんとかけています。日本の米は質が違うので、炊き立てでも敢えて冷蔵庫に入れて水分を飛ばすなど工夫をしています。具材も、チャーシューなどの肉類、海老などの海鮮類、レタスなどの野菜類を組み合わせるなど考案をしているので、決して騙しているつもりはありません。両者の感覚には、違いがあるのです。

鍋粑《グゥオパァー》／オコゲ

「色や味だけじゃなく、音と湯気も楽しめるオコゲは、天下第一の名菜だ」と褒め称えたのは、清の時代に全盛期を迎えた乾隆帝です。

熱々のオコゲの上から「熱々のあん」をかけるとジュワーと鳴ると思われていますが、実はあんかけ状態では駄目です。あんがドロっとして固いと、音がこもってしまって出ません。もっとあんを緩くしないと、音が広がらないのです。

サラサラしたスープ系のあんで、オコゲが熱々なら、しっかりと音が鳴ります。

今は、オコゲ自体で音を出すというより、鉄鍋や土鍋自体を熱々にして、オコゲと一緒に熱々の油を入れておいて、具をかけるとジュワーって感じの店が多いと思います。

しかしそうすると、油っぽくなってしまいます。

おこげは、今は塩味や醤油味が主流ですが、以前、ケチャップベースのトマトソースというのがありました。海老とグリーンピースが入っているタイプです。

トマトケチャップを使用しているのは、上海租界当時の名残でしょう。西洋人向けに提供した海派と呼ばれている料理形態で、海老チリソース同様、人気料理の一つでした。

お粥

お粥の善し悪しは、白米ともち米の配合割合で決まります。

また、店によって配合は異なるので、自分好みのお粥を探すのも、楽しみの一つですね。

お粥は「朝とか体が悪くなったときに食べるためのもの」という感じで注文されます。

薄めの中華味ベースで、海老やイカ、ホタテなどの海鮮やピータンや季節野菜、鶏手羽などをトッピングします。

白粥は、搾菜《ザーサイ》などの漬物や油条《ユーティアオ》（揚げパン）と一緒に食べたりします。

お粥は、二つに大別できます。

生米から炊く粥飯《ジャウファン》と、炊いた米を煮込む泡飯《ポウファン》です。

粥飯は、大量に、しかも長時間かけて作らないと美味しく仕上がらないので、急に「お粥できますか?」と店の人に聞いても「できません」「ありません」となる場合がほとんどでしょう。

一方泡飯は、比較的作りやすいので、「泡飯できますか?」「大丈夫です。二〇分ほどお時間ください」と、対応してくれる店があります。

ただし、メニューにないものは多少割高になるので、注文時には高めの値段になることを想定しておいてください。

粥飯は生米から炊くので、六〜八時間くらいかかります。出来上がったらストックしますが、冷蔵だと長期間保存できないし、冷凍だと提供するまでに時間がかかります。あまり注文されない商品なので、在庫量や保存期間を気にしなければいけないし、冷蔵庫や冷凍庫でストックする場所が必要になります。

また、コースの最後に提供すると、日本のお客様には「なんだ、お粥かよ」と、喜ばれない可能性があります。そのような理由で、レストラン料理には向かない感じになって、メニューから外れている店が多いのだと思います。

今は健康志向のお客様も多いので、コースの金額に見合えば、例えばフカヒレを使用したり、海鮮で具沢山にしたりすると、喜ばれると思いますけどね。

逆にお粥で人気があるのは、専門店として提供しているお店です。

その場合、粥飯は仕込んだ分が出たら売り切れになりますが、米と材料があれば泡飯で対応できます。

結果として回転が良くなって、新鮮なお粥が楽しめるので、人気になるのですね。

◆漬物◆

ここで問題です。搾菜は、土の上にあるでしょうか、下にあるでしょうか。球根みたいな形をしているので、土の下という印象がありますが、土の上です。球根ではなくて、カラシ菜の茎の部分が肥大化してコブみたいになる部分がそうなのです。最近は日本でも栽培されていて、新鮮な青搾菜は寿司屋などでも提供されています。瑞々しくて、美味しいです。浅漬けで中国から送られて来るのもあります。

醤蘿蔔《ジャンローボー》は、大根の醤油漬けで、しっかりと漬けるタイプです。ランチで出している店も結構多いです。

泡菜《ボウツァイ》は浅漬け系ですね。キャベツやセロリ、ニンジンなどを漬けます。こちらも、ランチに付いてきたりします。

漬物は、前菜では使いません。やっぱりご飯と一緒というタイミングです。また、アラカルトで酒を飲んでいるお客様が、メインの料理を食べ終わって、ちょっと口寂しいなぁ、まだ酒残っているしというタイミングで、「ちょっとザーサイ持ってきて」とか、「ジャンローボー頂戴」という注文を頂くことも珍しくありません。

漬物の出るパターンは、日本人と中国人で大して変わりませんね。

ワンタン

餛飩、雲呑、抄手などと、表記されています。基本的に、中国全土で食べられています。餃子よりも薄い皮で、中身もいろいろで、スープやソースに浸かっているイメージです。コースの最後や合間に出すことは、ほとんどありません。

香港では、海老ワンタンが有名で、海老が結構大きめで、ゴロゴロした食感です。香港通と呼ばれる人達が好きなのは、実は高級料理だけではありません。屋台の焼きたての焼味《シュウメイ》とか、最近できた店で人気の海老ワンタンとか、そういうのも大好きなのです。値段は関係なく、「ちゃんと仕込みをしている美味しい店を知っている」ということに、価値があるようです。

日本にはワンタン麺がありますが、中国人はワンタンと麺は別物と考えていて、「主食をおかずにして、主食を食べる」という食べ方をあまりしません。焼き餃子にご飯とか、ラーメンライスなどは、中国的にはあり得ない食べ方なのです。日本に長く滞在している中国人は日本的な食べ方に慣れていると思いますが、来たばかりの中国人にラーメンライスを出しても、意味が分からないかもしれませんね。

担々麺

担々麺は、四川省の首都、成都ですね。本場でのイメージは、屋台などの簡単な麺です。担ぐ担ぐ麺ですから、材料を担いで、人が集まったところに行って、丼に麺を入れて、ちょっとソースをかけて、好みの具材をトッピングして、出来上がりです。

スープがしっかり入っているわけではないので、汁なし担々麺が本来の形で、腹を膨らますだけの即席麺です。

ちなみに重慶に行くと、重慶小麺というのがあります。担々麺と味は似ていますが、もっと熱い辣油がかかった、辛い麺です。胡麻ダレではなく、辣油麺という感じです。

担々麺の始まりは一八四一年、陳方方《チンポウポウ》氏だそうです。

天秤棒の片方に、豆炭と七輪、その上に鍋を置いて、中にはお湯とスープが入っていました。もう片方には、お椀とお箸、調味料、洗い物用の水桶とトッピングの具材が入っていました。その天秤棒を担いで、街中で「担担麺〜」と呼び込みをして売り歩きます。

手軽さが受けて、人気が出たようです。

そうすると、「俺も売りたい」という人が出てきました。陳氏は商売道具や食材を提供したりノウハウを伝授したりすることで、商売が成り立つようにしました。

名前から屋号「陳包包」として、展開していったので、名物になっていきました。

まるで、屋台を仕切る親玉みたいな感じですね。

日本でも、昭和の頃にいろんなチェーン展開のラーメン屋がありました。人気が出ると店を出し、更に人気が出ると他人に店を出させて、自分は製麺所を作って麺の仕入れを握る、という構図です。フランチャイズの原型で、コンビニが良い例です。

本部となって仕入れを握れば、自分達は安泰ですからね。いつの時代も、頭の良い人が儲かるようになっているのですね。

◆麺の配分は難しい◆

担々麺などの湯麺（つゆソバ）は、コースに組み込まない店が多いですね。

それは、麺の配分が難しいからです。

製麺所から麺を仕入れるので、一玉の量が決まっています。

二人のコースで、通常の一人前の麺の量を半分ずつ提供すると、量が多すぎます。

それを更に半分にすると、丁度良い量になりますが、残りの麺が無駄になります。

また、大人数の場合、大きな丼で提供すると、サービス人が取り分けをするのに時間がかかるので、慣れていないと麺が伸びてしまいます。

厨房で分けて提供するという手もありますが、少人数対象の小さい店なら可能かもしれませんが、大きい店で大人数分となると、なかなかの手間となります。

そこで、炒飯や焼きそばの方が効率がいい、と判断している店が多いのだと思います。どうしても食べたいというお客様は、湯麺を追加してもらうことで対応します。当然のことながら、売上げも多少アップします。

◆胡麻◆

担々麺に限らず四川系の料理では、白胡麻を結構使います。

白胡麻の主な生産地はアフリカ（ナイジェリアなど）や中南米（パラグアイなど）と言われています。

胡麻の胡は、西方系の民族を意味します。胡瓜《キュウリ》や胡桃《クルミ》もそうですが、仏教伝来と共に、食材も西方から中国に伝わったと思います。四川料理の棒棒鶏も白胡麻を使いますし、ほうれん草のおひたしに白胡麻ソースをたっぷり乗せて提供したりもします。

炸醤麺《ジャージャーメン》

ジャージャー麺は韓国料理というイメージの人がいますが、中国料理です。北京で食べた時は、手打ち麺で、日本でいうウドンが、通常の三倍以上の量で出てきました。手打ちだから旨いというわけではなく、麺を作れる機械がないから手打ちになるだけで、量も凄いので、のびのびです。

肉味噌は、日本では甘いですが、北京では甜麺醤そのものの塩味でした。日本では、甜麺醤は甘味を出すために砂糖やハチミツなどで味付けしていて、最初から麺（細麺）の上に味噌とキュウリが乗っているイメージです。

北京では、麺（ウドン系）、野菜（葉物、モヤシ、紅芯大根《ホンシンダイコン》など）、肉味噌が別盛りで凄い量が出て来て、自分で麺の器に野菜とか味噌を加えて食べる感じです。

日本の町中華でジャージャー麺を出している店は、あまり見かけません。どちらかというと中国料理店の方が、提供している店が多いと思います。

私の父は食道楽で、ジャージャー麺が大好きで、その影響で、私も小学校高学年頃から、中国料理店での〆はジャージャー麺でした。父との想い出の味でもあります。

◆紅芯大根◆

北京に行って驚いた食材は、カブみたいな形状で中が赤い、紅芯大根です。

中国の紅芯大根は、日本のスーパーで見かけるのよりも大きくて、とても瑞々しいです。

更に驚いたのは、生で食べることです。

中国人は生食を避けますが、キュウリなどの瓜科やこの紅芯大根は、生で食べます。


私が食べた時は、炸醤麺の付け合わせで出てきました。

北京の炸醤麺は、キュウリに加えて、紅芯大根やモヤシ、緑豆、セロリ、ネギなどの野菜類や麺、肉味噌が別盛りで出て来ました。

その時に食べた紅芯大根は、しっかりと水分があって、味は全然違いますが、梨のような食感でした。栽培や水の違いがあるのだと思います。


日本で売られている紅芯大根は、含まれている水分量が少なくて、苦いです。

苦味大根としては美味しいですけどね。加熱すると、赤い色が落ちて白くなります。

杏仁豆腐

杏仁豆腐は、そもそも「杏仁（杏子《あんず》の種の核の中にある、白い実の部分）」を煎じて飲む、「温かいお汁粉」みたいなものから始まっています。

胡桃、胡麻などのお汁粉も、ありましたね。

杏仁には、効能があり、この部分を抽出して粉末にしたものを使用します。

北杏仁は苦くて漢方になり、南杏仁は甘いので甜品（デザート）となるのです。

冷たい杏仁豆腐が一般的に作られるようになったのは、電力がちゃんと供給されて、冷蔵庫が普及して、牛乳も普通に手に入る時代となってからです。日本でいえば、戦後復興の高度成長期あたりからではないかと思います。

固めて冷やすのは、デザート文化のある西洋の影響でしょう。

中国全土的には「冷たい飲食物は身体に良くない」という常識がありましたからね。

香港はイギリス領、台湾は国民党の亡命政権、広東省はそもそも外国貿易の窓口ですから、欧米向けのホテルやレストランがありました。

西洋料理のコック達が中国らしい食材で何かできないかと試行錯誤したか、もしくは中国人シェフ達が西洋料理のデザートを学んでアレンジしたのが、杏仁豆腐になったのではないかと思います。

杏仁豆腐をアーモンドゼリーと訳していた時期がありましたが、杏子と同じバラ科のアーモンドの香りが似ていることから、パウダーやエッセンスが使われていたようです。


マンゴープリンやタピオカ入りココナッツミルクなどは、まさに南国のイメージから生まれた香港のデザート文化です。

今は、中国本土に行っても、杏仁豆腐やマンゴープリン、タピオカ入りココナッツミルクがあります。

ただ、本土の多くの人達が涼をとるために好むのは、緑豆入り砂糖水や、キュウリや紅芯大根の丸かじり、酸梅湯や王老吉など無糖か甘さ控え目の飲料などです。

ですから、冷たいものイコール甘いデザートという感覚ではないのでしょう。

◆杏林◆

杏子には、三国時代の董奉《トウホウ》氏に関する逸話があります。

董奉氏は素晴らしい医療知識と技術を持っていて、来る者を拒まず、病人を診察、治療していたそうです。

料金は受け取ろうとせず、「もしよかったら、治療費の代わりに、重病で治ったら杏子の苗木を最高五株、軽傷なら一株を、家の周りに植えて欲しい」とお願いした結果、見事な杏林ができました。

杏子には肺と腸を潤す働きがあって、咳や痰、喘息、便秘など万病の元に効能があるので、「欲しい人は、同量の穀物などを置いといてくれれば、持って行っていいよ」と伝え、持ってきてくれた穀物は、困っている人々に提供していました。

ところが、不心得者の男が勝手に杏子を持ち出して、高価に取引をして、金儲けをしていました。

そんなある日、またもや男が杏林に来た時に、大きな虎が襲いかかってきました。

男は必死に逃げて家まで辿り着きますが、そこで虎に殺されてしまいます。

虎がいなくなってから、男の供養をするために、家族がこれまで出入りしたことのない小屋に入ってみたところ、凄いお金がありました。

男の悪行を知った家族は、「これは畏れ多い」と、董奉氏にそのお金を持って行き、男の過ちを懺悔したところ、彼はその家族のために、不心得者の男を蘇生させました。男はこれまでの行いを反省し、改めて家族とともに楽しく正直に暮らしたそうです。

この故事から、名医たる者の心得や行いを象徴する言葉が「杏林」になったので、杏林の名を冠する医療関係の大学や製薬会社、薬局などがあるのですね。

フルーツ

中国本土で、デザートのフルーツとして最もポピュラーなのは、スイカです。中国の年間消費量は、一四億人が一人一〇個以上食べる計算になるようです。広東方面では一年中西瓜は作られていて、世界の七〇パーセントは中国で作られています。どこに行っても、そのまま切られて出てくるか、ジュースやソースとして出てきますが、日本のスイカほど糖度が高くないので、あまり評判は良くないようです。そのせいなのか、本土の中国人にデザートでスイカ系を出すと、食べない可能性もあります。

日本のフルーツを中国に持っていくと、とても喜ばれます。中国のスーパーで見たら、凄い値段でした。日本のリンゴ一個が一三〇〇円とか、イチゴ一パックが三~四〇〇〇円とかですから、びっくりしました。

フルーツ自体をデザートで出すと、かなり原価がかかります。マンゴーはプリンに、イチゴはムースになど、素材をベースにして他の材料を加えて作ると、原価が下がります。香港や台湾などではそういうデザートが受け入れられていますが、中国本土では冷たいデザートの文化はないので、フルーツ自体が好まれているのでしょう。

日本で生まれた中華料理

冷やし中華

基本的に「冷たい物は身体に良くない」という思想が根付いているので、中国では生まれない料理の一つだと思います。

日本では、店によっていろいろなバージョンがあって、面白いですよね。

冷やし中華を始めたのは、東京・神保町にある「揚子江飯店」という説があります。銀座の「第一楼」という説も有名でした。年代でいうと一番古くなりますが、横浜は伊勢佐木町の「博雅亭」のオーナーシェフ鮑博公氏という説も出てきました。

しかし、今のところ確定した事実は分かりません。

赤坂の店にいた時に「夏だから、冷やし中華をやろう」と提案したら、見た目はいいけれど、めちゃくちゃ不味かったです。

どうしてだと思いますか。麺を茹でずに、蒸して、水で洗って出したからです。

びっくりしましたが、「中国では、こうだよ！」とか言っていました。

「嘘つけ、冷やし中華なんて、中国にはないだろう」と思いながらも「麺をボイルしてから、冷やしてみて」と作ってもらって、食べさせたら、「旨い！旨い！」と、本人達も喜んでいました。それで、商品として出せるようになったのです。

その時のタレは、胡麻ダレではなくて、中国醤油と黒酢がベースでした。

天津飯

芙蓉蟹《フーヨーハイ》（カニたま）をご飯に載せて、甘酢系のソースをかけて提供したのが始まりです。

ただ、ご飯の上におかずを載せるという発想は、もともと中国の天津にあったようです。

「来々軒」説や「大正軒」説などがありますが、とにかく日本で生まれた料理なのは、間違いなさそうです。

上に載せるのは卵でとじた料理ですが、使う食材は蟹や海老、豚肉、椎茸、タケノコなど様々です。

最後に酢豚のあんをかけますが、それも酢醤油だったりケチャップだったり、店の個性が出ますね。

調味料

カスターセット

町中華や老舗の街場の中国料理店のテーブルの上には、カスターセットとして醤油や酢、辣油、マスタードが置いてありますよね。

バブルの時は、特に広東系は、「お客様が自分の好みで味を変えてお召し上がりください。味付けは強く決めないで、薄味にしておきますよ」というようなやり方をしていた店が、多かったと思います。当時はうるさいお客様が多かったですからね。

ただ最近は、広東系のレストランやオーナーシェフで小規模の店では、置かない傾向にあります。調味料を使用する料理は、料理を出すタイミングで一緒に提供する感じです。

それは「この料理は、そのまま食べて欲しい味です」という調理人のメッセージです。

独立系のオーナーシェフでやっている日本人の店は、コース主体で、味変させる必要がない仕上げなので、後から調味料を使う必要がない料理が多いのだと思います。

そもそもカスターセットを使う料理は、春巻や焼売、餃子などの点心ですよね。

五目あんかけ焼きそばの途中で酢を加えたり、ラーメンに胡椒を加えたり、炭水化物系で使うことが多いので、単品主体の店にはよく置いてあります。

◆調味料の順番◆

日本では調味料を使う順番を、「さしすせそ」と言います。

「さ」砂糖、「し」塩、「す」酢、「せ」醤油《せうゆ》、「そ」味噌のそ、です。

しかし中国では、地方によって料理の材料も調理方法も違うので、調味料を加える順番も違います。店によっても、違うようですね。

四谷の佐藤おばあちゃんが若い時に中国本土で修業した店の料理長は、字が読めなかったのですが、鍋を振る後ろ側の壁一面に五〇種以上の調味料を、全部覚えていたそうです。

そして「二段目の三番目のやつと、五段目の六番目のやつを持ってこい」とか言って、それで料理していたそうです。

頭の中に全てのレシピが入っていたのですね。

醤油

日本の醤油は、薄口系なので、塩分が高いです。

中国の醤油は、たまり醤油なので、塩分が低いです。色は黒いけど、味はあっさりしています。

中国人は、あの味が好きなのですが、日本の店に行くと日本の醤油を使っているので、好みの味ではないことが多いようです。


今働いている店はガチ中華なので、中国の醤油を使用しています。

まかないを食べていた時、何かひと味足りないと感じて、日本の醤油を垂らしてみたら、「あ～、この味だ」と感じました。

私の故郷は千葉県の銚子で、ヤマサやヒゲタがあります。私はヤマサ派ですが、やはり日本醤油の味が私にとってはベースの味なのだと思いました。

そしてそれは中国の人達も同じで、「中国人は、この中国醤油の味を求めているんだなぁ」と、改めて実感しました。

合わせ調味料

「合わせ調味料」は、作り置きソースです。

目的は、効率化と味の均一化です。

「誰が作っても、ある程度同じような味を提供できる」ように、調味料をあらかじめ混ぜておいて、それを食材と一緒に炒めるわけです。

鍋担当が休みの日でも、対応できますね。


広東料理で、合わせ調味料が普及しました。

今では、上海料理や四川料理でも取り入れています。

短時間で、味もそんなに変わらずに提供できるので、ランチなどで合わせ調味料を使用する店が多いと思います。

「ちょっと味が落ちるんだけど、手早くできるし、お味見的に提供するんで、お値段はお得にしました」という感じです。

唐辛子

「四川人不怕辣　湖南人辣不怕　貴州人怕不辣」

（四川人は辛さを恐れず、湖南人は辛くとも恐れず、貴州人は辛くないのを恐れる）。

中国で唐辛子が食べられるようになったのは一七世紀の明代末期ですから、三〇〇年ほどの歴史となります。もともとは、観賞用の花として用いられていたようです。

ちなみに、山椒や芥子は、もっと前からあったようです。

四川の土地柄を表す言葉に「蜀犬吠日」（蜀の犬は日を見ると吠える）というのがあります。燦々《さんさん》と照りつける晴天の太陽を犬が見るとビックリして吠えるほどに、晴れることが少ないのが四川の天気です。また、盆地の湿地帯で、いつもジメジメしています。そしてそういう気候では、身体の中に悪い水が溜まると言われています。

辛い物を食べて汗をかくことが健康に繋がるので、唐辛子は急速に四川方面に普及したようです。

結果として、今では辛い状態の料理でないと食べた気がしないほど、四川方面の人達の習慣になっています。

山椒

山椒は、唐辛子と混ぜないと、そんなに辛くありません。

山椒は「麻《マー》」で、麻痺することを意味します。

痺れる感じですが、不思議なことに、酢醤油を混ぜたり、唐辛子を加えない椒麻ソースを作ったりすると、さっぱり系になります。

中国産と日本産では多少違いますが、ウナギに粉山椒をふりかけますよね、ああいう感じです。

豆瓣醤《ドウバンジャン》

豆板醤といえば、皆さんは赤を想像すると思いますが、実際は黒です。

赤いのは唐辛子が普及してからですから、正式には「豆板辣醤」となります。

実際は暗い赤で、見るからに赤いのは、着色料が入っていたり原料が大豆だったりしていたからです。

私が働き始めた頃、自分でも豆板醤を使って何か作ろうと思って、近所のスーパーで買ったのですが、その時になんとなく後ろのラベルを見たら、原料に大豆と書いてありました。それで「へぇ～、豆瓣醤の原料は大豆なんだ」と、ずっと思っていました。

その後「そういえば、豆瓣醤の豆瓣って蚕豆じゃん！」と気付いて、一人で頭の中が小パニックでした。

そこで原料をよく見たら、ちゃんと蚕豆って書いてある商品もあるし、大豆って書いてある商品もありました。


日中国交回復前は、四川から本当の豆瓣醤を輸入している食品会社はありませんでした。

そこで「中国料理調味料は手に入らないから、自分で作る」ということで、「糟辣椒《ツォーラッジョウ》」という赤くて辛い発酵調味料に大豆味噌を混ぜて、豆瓣醤として販売したりしていたようです。

まぁ、その作り方を知っているというのも、凄いですけどね。

それが国交回復後も、しばらくはその流れでやっていたところがあって、私がスーパーで見たのはそういう商品だったのだと思います。

甜麺醤《テンメンジャン》

甜麺醤の甜は、甘いっていう字ですよね。麺は小麦、醤は味噌を表するので、本来は甘くないです。それでも甘く感じるのは、砂糖ではなく味噌の甘さで、麹はちゃんと熟成すると甘くなるからかもしれません。

日本の町中華や中国料理店にある甜麺醤は、甘く味付けし直しています。

昔は、日本の八丁味噌やさくら味噌に、砂糖などの甘味を自分の店で加えて作っていたそうです。その甘い味噌を使用した料理が、受け入れられたということでしょう。

日本では、北京ダックをはじめとして、醤爆《ジャンバオ》（甘味噌強火炒め）した肉絲《ルースー》（豚肉細切り）や鶏丁《ジーディン》（鶏肉の角切り）、醤焼茄子《ジャンソーチェズ》（ナスの甘味噌炒め）、回鍋肉《ホイコーロー》（豚肉とキャベツの甘味噌炒め）、炸醤麺《ザージャンメン》（挽肉入り甘味噌和え麺）など、甘い甜面醤を使用している店が多いと思います。

北京で食べた炸醤麺や北京ダックの甜面醤は、甘味を加えない原型のままなので、塩味が強い感じでした。

◆南は甘い◆

砂糖系の甘さがある料理は、今でも東北や西側の人達は好みません。

私はそんなに甘いとは思わないのですが、本土の四川や北京、山東方面の人達にとっては、甘いのです。

「上海の料理は甘い」「広東料理は甘い」「南側（香港や広東、台湾や上海も含まれる）の料理と我々の料理は、違うんだ！」「そんな甘いのと一緒にするな！」と、南じゃない大陸側の料理人達は、同じことを言います。

やはり、南側は外国の影響が強いのかもしれません。

上海は鎖国中の開港地で、租界でもあるので、海老チリソースのケチャップのようにいろいろな物が入ってきて、それは見たことも食べたこともないようなものばかりでした。

戦後日本のギブミーチョコレートみたいに「甘い物イコール裕福」というイメージで、甘味に憧れる傾向があったのだと思います。

オイスターソース

世界的に広がったオイスターソースを作ったのは、広東省のカキの養殖屋でした。友達と飲みながらカキを煮込んでいたら、酔っぱらって寝てしまいました。次の日起きたら、火が付けっぱなしで、「あ～やっちゃった、失敗した」と見に行ったら、真っ黒な液体になっていて、でもいい匂いだなって思って、舐めてみたら美味しかったそうです。

それが、「李錦記」の創業者李錦裳《リキンショウ》によるオイスターソースの誕生と言われています。そこから試行錯誤して、ソースとして完成させたものを料理人達に使わせていたら、凄い人気になりました。

そこで李錦記を一八八八年に広東省に創設しましたが、その後マカオそして香港に本社を移したことで、世界大戦や内乱などで世界中に散らばった料理人がオイスターソースを取り寄せることができるようになりました。

そして「送るのも大変だから」と、世界中に支社や代理店を作ったことで、中国料理業界では唯一といえる世界メーカーに発展しました。

本社にあるオイスターソースのタンクは、東京ドーム何百個分もあるそうです。

日本でその販売権を得たのは、「大榮貿易公司」です。創業者の陳氏は、来日していた李錦記本店の社長と仲良くなって、独占販売できるようになったそうです。

今は李錦記以外にもオイスターソースを提供できる企業が出てきましたが、大榮貿易公司は総合中華食材メーカーとして、基礎調味料や合わせ調味料など二〇〇種類以上の商品を生産し、一〇〇を超える国や地域で販売しています。

日本中国料理協会では、中国料理の大会などでいつもご支援を頂いています。

XO醤

XO醤は、創作料理のようなものですが、もともと似たような醤は、結構あったと思います。何かベースになるようなものがあって、それを試行錯誤して、高級食材を使用して、アレンジしたものが、「メジャーなホテルペニンシュラ香港にあるレストラン嘉麟楼の許成料理長が考案した」ということになったのでしょう。

名もない醤にブランデーで最上級的な意味の「XO」を名前として付けたのは、許氏なのでしょうけどね。

味覇《ウエイパー》（中華スープの素）

「廣記商行」は、「味覇」などの中華食材を取り扱う業者として、現在とても勢いがある会社です。

「創味食品」は、中華スープに限らず、和食系の出汁やツユ、パスタソース、焼肉のタレ、ポン酢、調味酢等々を、業務用、家庭用で提供しているメーカーです。

そもそも味覇は、廣記商行が創味食品に依頼して、作ってもらっていました。

ところが、廣記商行が契約を一方的に破棄して、自社生産を始めました。

そこで創味食品は、在庫処分と販路拡大のために、商品名を「創味シャンタン」とし、明石家さんまさんをＣＭに起用して、販売を開始しました。

一方の廣記商工は、味覇を生産し始めましたが、味が同じようにできませんでした。

業務用で使用していた店としてはそれでは困るので、味覇をやめて創味上湯に変える店が急増しました。それはそうですよね、本来の味覇の味は、創味上湯なのですから。

廣記商行は、味の替わった味覇を「新しい味に生まれ変わった味覇」として、今も売り続けているようです。

◆神戸の思い出の味◆

妻と神戸に旅行した時は、今ほど中国料理に詳しくなかったので、街を楽しむ旅でした。神戸牛の鉄板焼きとか、いろいろと美味しいものを食べたのですが、帰って一週間くらいして「神戸旅行で一番美味しかったのは、何だった?」という話になって、結局二人とも南京町の一杯一五〇円位のネギソバが印象に残っていて、大笑いでした。

ただ、ネット検索してもその麺が分からなくて、ずっと気になっていました。

そこで、久しぶりに神戸に行った時に、「あの麺を探そう。確かこの辺だよね?」と周りを見渡したら、見慣れた看板を発見したのです。

それは「廣記商行南京町店」で、店の方によると、土日祝日に店の前でネギソバを販売しているそうです。

この日は食べられなかったのですが、帰ってから個人的に注文して、味覇のスープで食べたら、やっぱり美味しかったです。

お目当ての麺は「香港卵麺」という特別に作られた麺で、「この麺でないと駄目だ」という店も多くあるそうです。ちょっと高めなのと、一束の量が多いのが難点ですが、この旨さはやはりこの麺だからなのですね。

ドリンク

烏龍茶《ウーロン》

烏龍茶（ウーロン茶）といえば福建省ですが、日本には台湾から入ってきました。明の時代、福建省の人達が台湾に住むことになり、その時に烏龍茶なども伝わりました。中華人民共和国と日本が正式に国交樹立するために、鄧小平国家主席が来日した際のことです。中国政府の高官が日本でお茶を飲んで、「このお茶、おいしいね。何？」と聞いたら、烏龍茶だったそうです。日本で初めて飲んだようです。

中国のお茶の生産量の八〇パーセントは、緑茶です。花茶であるジャスミン茶とか金木犀のお茶もベースになっているのが緑茶なので、その中に含まれます。

中国は、本土も台湾も水質が悪いので、お茶が生活習慣に溶け込んでいるのです。中国で緑茶や花茶、烏龍茶も飲みましたが、あまり美味しくありませんでした。同じ茶葉を買って、日本で飲みましたが、水が良質なのでお茶も美味しくなりました。

紹興酒

黄酒《ホワンチュウ》の一銘柄である紹興酒は、昔の中国ではメジャーではありませんでした。しかし浙江省の隣が福建省で、そして福建省の海の向こうにあるのが台湾なので、紹興酒というか黄酒は、もともと台湾にはありました。

中華人民共和国成立、そして本土から国民党の人々が離脱して台湾で亡命政権を樹立した流れで、「独立した台湾の良さを、国際的にどうアピールする?」「やっぱり食だよね」「じゃあ、ドリンクはどうなんだ?」「お酒なら、紹興酒でしょ」となったようです。

日本と台湾は国交が樹立していたので、戦後の日本で「中国から入って来た」と言われる物は、料理やお酒、お茶なども含めて、実は台湾からの物でした。

紹興酒も、「台湾紹興酒」が最初に入ってきました。中国浙江省紹興市で生まれたからこそ「紹興酒」と名付けていいのですが、ブランド名として勝手に「台湾紹興酒」にしたのです。台湾紹興酒が日本に入って来た当時、台湾と中国は国交樹立していなかったのに、「これは中国から船を使って台湾まで持って来るんで、揺れたりすることで、お酒が丁度良く仕上がるんですよ」と説明していた店もあったようです。

ワイン

中国料理の業界にも、ソムリエがたくさんいます。

バブル期から末期にかけて、中国料理でもワインが騒がれ始めました。

日本の中国料理界では、「南国酒家」が先頭に立って、「ソムリエの資格に合格したら、給料に反映するし、試験費用などを全額支給する」という方針を出しました。

そもそも南国酒家の宮田社長は美食家のワイン通で、ソムリエ資格を習得していたので、自社の従業員教育にワインを組み込んだようです。

中国料理業界初のソムリエは榎本覚さんで、その後何人もソムリエになっています。

ワインは店の売り上げに大きく貢献しているので、益々広がっていくと思います。

ただ、以前から言われていることですが、中国料理で西洋料理のようなワインの提案をするのは、簡単ではありません。


皿盛りでも個人盛りでも、料理は一品ごとに味や料理法が違っています。例えばフカヒレスープの後に海老チリ、そして牛肉のオイスターソースが続くと、醤油味、辛いチリソース、甘めのオイスターソースという流れで、食材的にはフカヒレ、海老、牛肉という順番です。そうなると、ボトルワインの提案は難しいですよね。

ただ、以前シェラトン都ホテル東京の「四川」でロゼのシャンパンが提案されていて、これはどの料理にも合っていました。

このように、料理単体ではなく、包括的に提案することも一案です。

コース料理の一品に一つのグラスワインという「ペアリングプラン」を提供している店も、最近は出てきました。

しかし、食事会などのイベントの場合は、値段がハネ上がるという点と低アルコール化している時代を考えると、参加する人は限られてしまうかもしれません。場合によっては、出席した方々から好評を得なかったりする可能性もあります。

「ビールの後は、紹興酒」というパターンが根付いていることもあり、結局「料理に合わせる、マリアージュ」というよりは、「自分が好きなワインで、好きな中国料理を楽しむ」という形で、ワインを親しむ人が増えてきて、広がっているのだと思います。

◆水◆

中国は水質が良くないので、生水も氷もあたります。

最初に中国旅行に行った、二五年ほど前のことです。最終日に「現地の人達が行くような店で、最後の夕食を食べたい。日本でも騒がれ始めているから、火鍋の店がいいな」と現地のガイド達に頼んで、連れてってもらいました。

そこはドリンクが瓶で置いてあって、自分で好きなものを取る飲み放題スタイルでした。

しかし、中国にはもともと「冷たいものは、身体に良くない」という陰と陽の考え方があるので、ドリンクは常温なわけですよ。冷たいビールが飲みたいので、氷を頼んで入れて飲んだら、三〇分後にはトイレから出られなくなり、五日間ほど苦しみました。

氷の危険性までは、なかなか思いつかないですよね。

中国のホテルには五つ星とかありますが、この評価基準は、収容規模や設備です。ですから、五つ星ホテルであっても、水事情がひどいです。

私も泊まりましたが、お風呂も洗面所も、水が茶色くて、勢いも悪くて、臭かったです。

歯を磨くのも、全部ミネラルウォーターです。

歯磨きウォーターって書いてあって、カルチャーショックでした。

第3章　私のヒストリー

専門学校

私は、食べることが好きでした。

家が建設業で父も母も忙しかったので、食事は基本的に外食や出前でした。銚子なのに焼き魚などはあまり好きではなくて、肉系がメインでしたね。すき焼きにステーキ、トンカツ、生姜焼き、ハンバーグ、寿司、鰻等々、中でも中国料理が大好きでした。町中華系も好きですが、近所に一軒ちゃんとした中国料理店「中国料理　魚藤《ウオトウ》」があって、トンポーローや海老チリ、回鍋肉、酢豚、青椒肉絲等々、なんでも美味しかったです。〆は、白米にコーンスープをかけて食べるのがお気に入りでした。

よく食べていて、小学校で七〇キロ、中学校で八〇キロ、高校では九〇キロと体格が良かったので、中学高校は柔道をやっていました。

地元ではかなり強くて、高校では千葉県の優秀選手賞を頂きました。

当時のコーチの伝手で、高校二、三年の時には東京農大に合宿参加し、大学生と互角にしていたので、推薦の話もありました。しかし、あの頃はまだ年功序列が色濃い時代で、農大は一年生に強い人が多くて、その活躍で二部から一部に昇格できましたが、練習が終わると先輩達がその一年生達をアゴで使っているのを見ていたら「嫌だな」と思って、大学には行かないことを決意しました。

「じゃあ、何をしようか？」と考えたところ、その頃は料理を作ることも好きだったし、とりあえず東京に出てみたいと漠然と思っていたし、仕事ではなくて学校に一年位は行きたかったので、調理師学校を選択しました。「大規模な学校よりも少人数がいいかなぁ」と探して、蒲田の誠心調理師専門学校に入学しました。

専攻はもちろん中国料理です。それまで和食、洋食、フランス料理などをいろいろ食べてきた中で、やはり中国料理が一番好きだったので、迷いなしでした。

一年だけでしたが、この時の友人達とは今もお付き合いがあります。

学生生活で初めて無遅刻無欠席で、卒業生代表の答辞をさせて頂きました。

専門学校に進んだのは、就職先を探すためでもあります。

地元から東京に来ていた友人達（大学生など）とも遊びたいので、できれば土日祝日がお休みのところはないかと考えました。「飲食業なのに、それは甘いかなぁ」と思いましたが、ある時「あ、そうだ、官庁街!!」と思いつきました。

そこで学校に来ていた資料をいろいろと調べてみると、中国料理店があったので、「ここしかない」ということで、早めに企業面接をしてもらって、内定を頂きました。

就職

これまで、多くのお店にお世話になりました。

残念ながら閉店してしまった店や短期間だけお世話になった店は割愛させて頂きました。

ご了承ください。

東京・霞が関

調理師希望で誠心専門学校を出ましたが、バブル末期の売り手市場で、「厨房とホール、どっちやりたいんだ?」と聞いてもらえたので、「できれば、両方やりたいです」と答えたところ、どちらも人手不足だったので、一年間二週間交代で両方やらせてもらえました。

厨房の時は、鍋洗いや仕込みなどをやります。

ホールの時は、ランチ時はオーダーをとって、夜はカウンターでドリンク係です。

一年近く経った時、どっちをやるのか、最終判断を会社から聞かれました。

私はもともと「商売だから、最終的には売る方の側になりたい」と、思っていました。

加えて、当時はまだ若くて頭でっかちだったので「調理は、結局は集団作業で、決まっている役割をこなしているだけでしょ」と、考えてしまいました。

その時は、調理は奥の深い仕事で、調味料や食材、調理工程が同じでも、作り手によって仕上がる味は全然違うということが分かりませんでした。浅はかでしたね。

また、調理の新人は、朝が早くて、夜も遅くまで後片付けです。まかないは「お疲れ様」と称して酒を飲みながら、時には先輩方からありがたいお言葉を頂く時間となるので、更に遅くなることが分かりました。

そこで、「ホールにします」と、答えました。

とはいえ、厨房で仕込みなどをひと通り経験できたことが、ホールで大いに活きました。

例えば、その店の一番人気は五目あんかけ焼きそばでガツを入れていましたが、ガツは胃袋の掃除を三〇分位かけてちゃんとやらないと、臭みが出てしまいます。

お客様が「やっぱりここのヤキソバは旨いなぁ」と言うので、「旨味を引き出すのはガツなんです。豚バラやハムだけでは、旨味がうすくなるんですよね。でもこのガツって、仕込みが大変なんですよ」なんて、力説していましたね。

すると、「これか？」「そうです！」という会話に繋がって、興味を持ってもらったお客様とお話ができるようになりました。

そしてそのお客様が別のお客様と来た時には、「ここのヤキソバが旨いのは、ガツを使ってるからなんだよ！　ほら、これだよ」なんて自信満々で話していました。

その光景を見た時に「コレだ！」と思い、私の中国料理に関しての話題集めが始まったわけです。

この時に厨房の先輩に誘われて、月に一回、他店の厨房の人達と飲み会をするサークルに出席するようになりました。サークルの名前は「Ｂｒａｖｅｍｅｎｓ／ブレイブメンズ＝強《ツワ》者《モノ》たち」。

この集まりが、その後の私の人生にとても大きく影響しました。約三年間勤務した後、Ｂｒａｖｅｍｅｎｓのメンバーの紹介で、次の店に動くことになったのです。

芝大門

細長いビルの一～二階がフロア、六階が厨房で、合計四〇席ほどの小規模レストランでした。流行り始めの広東料理で、ちょうどバブル期と重なったこともあって、「中国風お造り」なども提供していました。

私はアシスタントマネージャーとして、予約や電話対応などの業務もこなしていました。

栃木県・宇都宮東武ホテルグランデ「北京料理　竹園」

＊現在は、テナントとして継続しています。

Ｂｒａｖｅｍｅｎｓの人達との集まりは継続していて、その後「みんなで一緒に宇都宮に行こう」ということになり、私はアシスタントマネージャーとして、オープン二週間前に合流しました。ホテルのオープンなので、備品などの準備は担当が別で、現場は接客のシミュレーションをしてから実施し、新入社員の教育も担当しました。

そもそも、小田急百貨店の老舗中国料理「豪華（現在閉店）」で二〇年以上一番板（仕込などの責任者）をしていた小池実氏に、東武ホテルから料理長として依頼が来たことが始まりでした。Ｂｒａｖｅｍｅｎｓのメンバーは「豪華」出身の方々が多く、親分の小池さんから「お前達は面白い集まりをやってるようだな。どうだ、みんなで一緒に新しい店をやろうぜ」となったそうです。

小池氏の目的は、東武ホテル系列にある中国料理の厨房を仕切ることでした。

そこで、「有明と錦糸町のホテルがオープンするから、まずは宇都宮にみんなで行って結果を出そうぜ！」となって、チームでお世話になったのです。

この時の東武は、鉄道各社の中でも唯一黒字経営で、銀座東武ホテルが好感度ナンバーワンとなっていたので、東武グループとして初めての家紋付きホテルとしてオープンする宇都宮にかなり力を入れていました。しかし私が宇都宮に勤務した五年ほどの間に、大きな変化がありました。有明は始める前に撤退して、今はワシントンホテルになっています。錦糸町も、規模が三分の二位に縮小され、オープン時には厨房の人員を多くしないために真空調理を中心にするような話まで出ていました。

三年後、私はマネージャーに昇格し、小池氏の強い要望で、サービスで一人だけ中国料理レストランから移動していなかったのですが、宴会に移動させられそうになりました。私は、ホテルの宴会サービスをしたいわけではなく、宇都宮にいたいわけでもないので、小池氏と相談して、神奈川の藤沢で新規オープンの話を紹介してもらい、そこに行くことを決意しました。

神奈川県・藤沢

そこは、現在の中国料理業界のレジェンド、脇屋友詞氏が関わっている店でした。二か月の準備期間をかけてオープンしたのですが、諸事情により一か月で閉店してしまいました。

とはいえ、この閉店は後に良い経験となりました。

大和市　四川料理「北京飯店」

＊現在オーナーを変更して、継続中です。

「ここが駄目なら、東京に戻ろう」と思って面接したのが、大和の「北京飯店」でした。大規模レストランで、五〇〇席ありました。一階が駐車場とお土産物コーナーで、二階はレストランと個室が四つ、三階は和の宴会場、四階は洋の宴会場、五階は厨房で、地下にはカラオケ用宴会場もありました。

四川料理なのに北京飯店という店名は、日本人的には分かりづらいですが、中国的にはありです。北京飯店は中国ではとても有名な格式あるホテルで、飯店はレストランという意味も持ちます。大規模レストランだったので、中国で有名なホテルにあやかったのでしょう。創業者は、蔣介石氏に縁のある方だったようです。

ここで、当時「料理の鉄人」で「中華のプリンス」と言われた関雄二氏と出会いました。関氏の師匠は、丁自平氏です。丁氏は、中華の神様と言われた陳建民氏の秘蔵子で、一八歳で「横浜四川飯店」の立ち上げ料理長となり、世界料理人大会でグランプリを受賞した凄い人でした。

一年位の勤務でしたが、厨房は宴会が終われば片付けに協力し、我々も手が空けば厨房の洗い場を手伝うなど、協力し合って、この年は最高売上げを記録しました。

東京・お台場

お台場の球体にあったレストランの窓際から見下ろす夜景は圧巻で、「ついに俺もここまで来た」と思いました。

北京飯店に勤めていた時、このレストランの店長は「神奈川に帰りたい」と思っていて、私は「東京に戻りたい」と思っていたので、トレードが成立したのです。

鮨と中国料理の融合がコンセプトのお店でしたが、様々なトラブルを抱えていた会社で、このままここに勤めていたら自分らしさを失ってしまうと危惧して、初めて次を決めずに退社しました。

八王子

二週間ほど、誰とも連絡をとりませんでした。

その後、気持ちが落ち着いたので、関氏にきちんと挨拶をしようと思って、大和の「北京飯店」に行くと、なんだかよく分からないまま、車に乗せられました。

「どこに行こうとしてるんですか？」

「ん、八王子」

「何しに行くんですか？」

「今度顧問になった店があって、白土くんも手伝ってよ。今、何もしてないんでしょ」

驚く私に、関氏は言葉を続けました。

「あのさ、今度の事で、飲食はもういいや、とか思ってるんじゃない？」

実はその通りでした。店に行かなくなって三日ほどして、とりあえず日雇いに登録して仕事をしていました。

「もったいないからさ、白土くん。俺はいろんな人を見てるし、話も聞いたけど、店から離れちゃ駄目だって。今回は大した仕事じゃないけどさ、君はやれるんだから！」

有難いです。何よりもその気持ちが嬉しかったです。

かなり戸惑いましたが、まぁこういうのも何かの縁だし、とりあえずやってみましょうということで、あれやこれやと二か月ほどお世話になりました。

仕事しているうちに「やっぱり、この仕事面白い！」と思うようになり、いろいろな方と連絡を取り、次の仕事も決まったので、東京に戻ることにしました。

この時の事がなければ、その後どうなっていたかは分かりません。

関さん、本当にありがとうございました。

深川

日本財団直轄であるブルーシー＆グリーンランド財団は、大宴会場二〇〇席、中宴会場が六〇席、レストラン一五〇席という規模で、地元の宴会や研修で使われる施設でした。中国料理がメインですが、「日比谷松本楼」出身のシェフが手掛ける洋食も提供していたので、私は洋食と中華を融合させたコースを提案して、メニューも考えるようになりました。例えば八品なら、前菜の一つとメイン料理を洋食にして、ビーフシチューやローストビーフを入れたりしたら、結構人気となりました。

会員カードの作成と管理もしていました。深川の地元民が多く利用していましたから、各町会の宴会や大鵬部屋や政治家の祝宴なども積極的に取りに行ったものです。

しかし数年後、深川海洋センターが閉鎖となる情報が入ったので、次の店を探すことになりました。

上海の五つ星ホテル直営　赤坂「錦江飯店」

＊現在は、茅場町に移転しています。

「錦江集団」は、中国で多くのオールドホテルを運営しています。

その象徴が、中国の公式ホテル一号店で、田中角栄氏が日中国交正常化の調印を行った「上海錦江飯店」です。

そしてそのホテルで四川料理と広東料理を提供するレストランが、「錦江飯店」です。

ちなみに日本のオークラホテルが運営している「花園飯店」が隣接していますが、その敷地は錦江集団の所有です。

赤坂「錦江飯店」は、料理人、サービススタッフ、経営者全員が中国人だったので、中国語を覚えようと考えたのですが、「全てが分かってしまうと、かえって仕事がやり辛くなる」と考えて、あえて断念しました。それは現在にも至っています。

基本的に日本人客が対象なので、コース料理の内容は、私が考えていました。

中国人料理人は、「私達の仕事は、料理を作ること。お客様に近くて理解しているのは、あなたでしょ。私の料理を理解して、お客様にその料理を売ってください」というスタンスなのです。

この頃から、本場中国の料理と日本の中国料理の違いを、意識するようになりました。

言葉ができないのはお互い様なので、意見交換を身振り手振りや文字で行いましたが、なんとかなるものです。

普通の日本的中国料理店ではできない体験を、いろいろさせてもらいました。

その後、オーナー会社である上海国際は、茅場町に自社ビルを買って、移転することになり、私も行く予定でした。

ですから、内装やテーブル配置の構成は、私の意見を取り入れてもらいました。

しかし、次にこの場所に入る店からもオファーが来て、熟慮の末に転職することにしました。

*現在は、永田町に移転しています。

赤坂「上海大飯店」

赤坂錦江飯店の跡地は、日本の北海グループが権利を買いました。

「上海大飯店」は、錦江グループに所属する北京の五つ星ホテル「崑崙飯店」から料理人を招聘していました。北京で上海料理を提供していて、総料理長は、料理の鉄人の中国代表者である趙仁良氏です。そしてその一番弟子が、日本の料理長でした。

本場の北京ダックを語る上で欠かせない「全聚徳」と並ぶ、もう一つの有名店「便宜坊」のシェフも招聘したので、本物の肉付きダックを提供していました。

平日は、オーナー会社からの指示で、ランチバイキングを提供していました。

今思えば、普通に注文が入ってから作るスタイルで、多少単価を高めに設定して提供した方が、この時に来ていた料理人の実力を引き出せたと思うことがあります。

自分なりに一生懸命やったのですが、新しい舞台に踏み出すことにしました。

麹町「登龍」

六本木の「露天《ルーテン》」や西麻布の「香港ガーデン」などを立ち上げた富永大先輩からの紹介で、麻布十番と麹町にある「登龍」に入社しました。

担々麺やニラソバ、大きな焼き餃子で有名ですが、ここは中華の神様陳建民氏の「四川飯店」創業時の味をそのまま継承した、昔ながらの味が魅力です。

当時は一八〇〇円、現在は二四〇〇円の担々麺を目当てに、今でも大行列です。

私は麹町店に勤務しましたが、私より若い二人のサービス責任者がいたので、久しぶりに一人のサービス人としての仕事に、集中できました。

一年程お世話になりましたが、「やっぱりサービスの責任者として、仕事がしたいな」と思っていた時に、次の店からお話を頂き、行くことにしました。

佃

実は、「登龍」に移る前にもこちらの話を頂いたのですが、折り合いが付かず、お断りしていました。そうしたらかなりの人気店になり、売上げが向上して予算も上がったことと、その時の責任者が辞めることが重なり、連絡を頂きました。

ここでは、料理長の洌鎌《スガマ》さんと協力して、かなり話題の店になりました。

ブログやFacebookなどを始めたのも、この頃です。

売上げが更に上がり、「今年は勝負だ！」と気合を入れていたら、東日本大震災となり、状況が悪い方に流れてしまいました。

そんな時、先輩からお誘いを頂いたので、横浜に行くことにしました。

横浜中華街「横浜大飯店」

横浜中華街でナンバーワンの集客数を誇った店で、中華業界唯一の世界企業「李錦記」の業務用製品を一手に引き受けている「大榮貿易公司」の直営店です。

オーダーバイキングを広めた店で、料理のクオリティが凄くて最高のコスパなので、土日祝日は一日で七～八〇〇人を集客していました。

ここでは、フロント業務も行いました。それまではフロアと人数を考慮せずに、一〇名かけの円卓でも二名で使ったりしていました。

そこで効率を考えて、「五名以上は、三階で、二時間制の、四回入れ替え」にする予約表を作成したり、時間無制限と書いていた看板を数十万円かけて消去してもらったり、長居するお客様をSNSに書かれないようにお引き取り願う方法を実践したりしていました。

しかし、経営陣の方針が急速に変更となり、連日満員御礼で体力的にもきつくなって、加えて東京に戻りたい気持ちになってきたので、しばらく休憩も兼ねて、次を決めないまま、二回目の退社となりました。

「南国酒家」荻窪・原宿本店

しっかりと休養し、面接もいろいろ受けましたが、先輩の紹介でこちらにお世話になりました。

歴史のある有名なお店で、最初は荻窪店配属でしたが、会社に慣れてきた頃に原宿本店に異動となり、個室担当、そして食事会などの司会も承りました。

料理説明などの司会もしていましたが、もの凄く多くの食材を使用しているので、コースが変更になると大変でした。しかし、とても勉強になりました。

お客様の質や従業員との関係も、良好でした。

しかし入社時の約束が守られず、収入に影響が出ていたので、他からのお誘いを受けて、新しい職場へと移りました。

虎ノ門横丁「香港焼味酒家」

「店の立ち上げに協力して欲しい」と、知り合いからお肉屋さんを紹介されました。

野坂大先輩とも昵懇《じっこん》の我が業界のレジェンド譚彦彬氏が経営に参加する、「香港そのものの焼き物、焼味を広める店」でした。

コロナ禍ではありましたが、肉屋がバックということもあり、物販などの事業や加工工場など「赤坂璃宮」のブランド展開も視野に入れた、フラッグシップ店舗でした。

出店するのは、森ビルが展開する虎ノ門ヒルズの虎ノ門横丁です。

グルメで美食家のタベアルキスト・マッキー牧元氏が、出店する店を監修していました。

牧元氏の推薦する店が集結しているので、名店揃いです。

基本「横丁」なので、はしご酒のイメージで、あそこでヤキトリ食べて、ここではステーキをちょっと頂いて、次の店では寿司をつまんで、みたいなのができるのです。

一〇席程度の規模なので、必要なものは最低限でスタートするつもりでした。

基本的には、一〇〇円ショップです。

安全性が必要なコンセントなどの電気系統や、利用頻度が高いものは、オープンして二週間後に買い換えました。

一〇席の店なのに連日一〇〇名ほどの入店で、大盛況です。

はしごするので、滞在時間が比較的短く、どんどん回転しました。

ところが、必要のない料理アイテムを増やしたり、同じ横丁内に酒専門の店があるのに狭い店内にワインセラーを無理やり置いたり、しまいには単価を一・五倍にしたりと、経営方針が変わってきたので、最初の約束通り三か月で退社させて頂きました。

重慶四川料理「麻辣《マーラー》大学」

縁あって、現在は上野にあるこちらのお店に勤務しています。

二〇一七年七月創業なので、今年で八年目です。

日本で「麻辣ブーム」が始まったのが八年前位なので、先駆けの店の一つです。

その後「ガチ中華」という言葉が、定着してきましたね。

当店も、日本風にアレンジをせずに本場そのままの味を提供するガチ中華なので、来店の八〇パーセントは中国の方々です。

中国人の中では、辛さの中にある微妙な味の違いがあるようで、それは子供の頃から辛い料理を食べてきたからこそ分かるようです。唐辛子まみれの料理に、麻（マー／山椒は麻痺）が入ってきたり、酸味が加わったり、我々日本人は見ても食べても違いがよく分からないですね。

白身魚や牛肉、豚の血など、唐辛子にまみれた真っ赤な辛い料理ばかりなので、「見た目も味も、大して変わらないんじゃないの？ 主材料が変わるだけで、面白くないんじゃないの？」と思うのですが、本人達はとても満足気です。

当店を利用する中国のお客様は、日本に在住している会社員や学生で、お店で一番多く注文されるのは、「現地の味のおかずと日本の美味しいご飯」という組合せです。

高級な料理を求めるのではなく、「美味しい中国料理を、腹一杯食べたい」という欲求を満たせて、価格的にも安心な飯屋、食堂が、彼らにとっての当店なのです。

日本のお客様は、中国の知り合いから「美味しいよ」と聞いて利用される方が多いのですが、何を食べていいか分からないようです。

そこで、私がコース内容を考えています。中国人には人気があるけれど、日本人は嫌がるような料理もあるので、ちゃんと食べられて人気のある料理をセレクトしています。

おかげで、コースを選ぶお客様も増えてきました。

ご利用の機会がありましたら、ぜひ私、白土までお声をかけてください。

おわりに

「白土君の話は面白いから、本にまとめてみようよ」という話を伺った時、「私ですか？」と戸惑いました。ネームバリューのある有名ホテルや老舗レストランで長く勤務していたわけではありません。もっと適した人がいるのではないですか、と一度お断りしました。

「白土君は、今まで中国料理専門で何軒くらい職場を変わってきたの？」

「だいたい二〇軒位ですね。でっかいのから小さいの、ホテルから町中華まで」

「だからこそ面白い！　そういう人が、今現場でどういう風にお客様に接しているのか、そういうことを知りたい人が多いと思うよ。やってみようよ！」と、背中を押して頂きました。

幸い私は、我が母校「誠心調理師専門学校」や「日本中国料理協会サービス技能支部」で講師をしたり、多くの店でいろいろな経験をしたり、自分の興味で幅広く調べたりしたことで、様々な話題を得ることができました。

なぜそんなに話題を集めるかというと、一つは「お客様の質問に答えるため」です。的確な答えは、信頼に繋がります。

また、私の話がきっかけとなって、「そういえば、あの店でこういうのを食べて旨かった」「先日利用した店のこれが、凄く美味しいんだよ！」などと、食事の話で盛り上がれば、場が和やかになり、結果としてお客様同士の関係が良くなるかもしれません。

「この店のあの料理、凄く美味しかった！」「あの料理の話で、より一層美味しく感じたね！」と記憶に残り、思い出の店になって、次のご利用に繋がったりするかもしれません。

美味しさは、味だけではありません。実際の美味しさは、切り方や炒め方、煮方によって変わる歯ざわりや食感、そして見た目も加味されます。

素晴らしいサービスも、美味しさの一つでしょう。

そして、料理についての話も、美味しさを増幅してくれます。

お客様の「美味しかった」を「楽しかった！」に昇華させるアイテムは、いろいろあるのです。

話題を集めるもう一つの目的は、「職場での人間関係を円滑にするため」です。

私の今の立場は、責任者です。マネージャーや支配人、店長など責任者の役目は、お客様や調理場、経営者、部下など、立場の違う人たちの繋ぎ役であり、まとめ役です。

中間管理職はいろいろ大変ですが、様々な知識やネタの集積があって、自分の業務が遂行できていると感じています。

そしてそれは、「自分を守ること」にも繋がっています。

とはいえ、全部の情報をそのまま受け入れるのではなく、必要なことを取捨選択することも大切です。

そういう意味では、私という人間は収集と取捨選択の結果だと思います。

この本を読んで頂いた方にも、是非ご自分で取捨選択をして頂きたいと思います。


中島将耀先生には、過分なお言葉でご紹介頂き、身に余る光栄です。

キクロス出版山口晴之さんには、背中を押し続けて頂きました。

遠山詳胡子先生には、不慣れな私のとりとめもないおしゃべりを、丁寧に整理整頓してまとめて頂きました。

皆様のおかげで、出版が自分の再発見と研鑽の機会に繋がったように思います。

心から御礼申し上げます。

そして、私が今在るのは女房殿のおかげです。ありがとう、これからもよろしくね。

最後に皆様、この本を手に取って頂き、感謝の気持ちでいっぱいです。

今回まとめた情報や話題が、同じような環境にいる方やこれからこの業界に進もうとする方に、少しでも役立てて頂ければ幸いです。

白土健司

白土《しらと》　健司《けんじ》

中国料理のサービス職人
誠心調理師専門学校卒業後、ホテルや大規模大衆店、小規模高級店など二十数店舗に勤務。そこから得た幅広い経験と自ら求めた豊富な知見を基に、現在も現場で管理監督者を務め、母校や日本中国料理協会サービス技能支部で後進の指導にもあたっている。
麻辣大学上野本店　店長
公益社団法人　日本中国料理協会　理事

遠山《とおやま》　詳胡子《しょうこ》

「業界の常識は世間の非常識」という意識で、全国のホスピタリティ業界の企業や団体から研修や講演を求められ、各階層を対象に指導する。

「宴会サービスの教科書」「ブライダル接客の教科書」「葬祭サービスの教科書」「フランスレストランに魅せられて」「スーパーソムリエへの道」「中国料理のマネージャー」「中国料理に魅せられて」等、著者やコーディネーターとして多数携わる。

東洋大学大学院国際地域研究科国際観光学専攻博士前期（修士）修了

サービス職人は知っている
「中国料理」は最高！《①料理編》

2025年4月25日　初版発行

著者　白土健司
コーディネーター　遠山詳胡子

発行　株式会社 キクロス出版
〒112-0012　東京都文京区大塚6-37-17-401
TEL.03-3945-4148 FAX.03-3945-4149

発売　株式会社 星雲社（共同出版社・流通責任出版社）
〒112-0005　東京都文京区水道1-3-30
TEL.03-3868-3275 FAX.03-3868-6588

印刷・製本　株式会社 厚徳社

プロデューサー　山口晴之　　協力　中島將耀

ISBN978-4-434-35742-8 C0077

元レストラン タテル ヨシノ総支配人
田中優二 著
コーディネーター 遠山 詳胡子
A5判 並製・本文200頁／定価2,200円（税込）

レストランのサービスは、奥が深い。
オーダー一つとっても、お客様の様子を感じ取り、お客様の要望を伺い、満足していただけるメニューを提案することが、求められる。そのためには、当日のメニューの把握と、それを的確に伝えるための膨大な知識とコミュニケーション能力、ワインとの組み合わせ、当然語学力も必要となる。料理を提供する時には、無駄なく美しい所作と、時には目の前で料理を仕上げる技術が必要となる。顧客ともなれば、お客様の好みや体調などを鑑みて接客するのは、当たり前のことである。

（はじめにより）

(一社)日本ホテル・レストランサービス技能協会
テーブルマナー委員会委員長
石井啓二 著

四六判 並製・本文 224 頁/定価 1,980 円(税込)

宴会セールスは、施設がおかれた場所や状況によって、ノウハウは異なります。また、地域によってローカルルールや風習による違いもあります。しかしながら細かい所は違っても、大切にすべき根幹は変わらないはずです。営業である以上、最も大きく優先されるのは売り上げを作ることです。それも持続できることが大切であって、そのためには品質の保持、向上、顧客の満足度に応じた展開、他社との差別化など、さまざまな課題が待ち受けています。本書はその問題に応えたマニュアル書で、すべての宴会関係者が、長い間待ち望んだものです。(はじめにより)

スタッフを守り育て、売り上げを伸ばす
中国料理のマネージャー

中国料理サービス研究家　ICC認定国際コーチ
中島　將耀・遠山詳胡子 共著

A5判 並製・本文 292 頁／定価 3,080 円（税込）

今、あなたのお店は満席です。入口の外側まで、お客様が並んで、席が空くのを待っています。そんな混雑状況こそ、マネージャーの腕の見せ所です。まさに嬉しい悲鳴、の状態ではありますが、むしろそのパニックを楽しむぐらいの、心のゆとりが欲しいものです。では、そんな心のゆとりはどこから生まれるか。それには十分な知識と、多彩な経験が必要になります。経験ばかりは、教えて差し上げることはできませんが、知識と考え方なら、私の歩んできた道の中から、お伝えできることもあるでしょう。そんな気持ちで、この本を作りました。
（はじめにより）

[マネジメント編]

1章　中国料理の常識・非常識
2章　素材と調味料の特徴
3章　調理法を知る
4章　飲み物を知る
5章　宴会料理とマナー
6章　料理の盛り付けと演出
7章　中国料理の宴会サービス
8章　マネージャーの役割
9章　メニュー戦略と予算管理
10章　調理場を知る
11章　サービスの現場で
12章　本当の顧客管理
13章　商品衛生と安全管理
14章　私のテーブルマナー教室

[人材育成編]

1章　マネージャーの仕事
2章　信頼関係を構築する法則
3章　ラポールを創る
4章　コーチングマネージャー
5章　目標設定７つのルール
6章　メンタルヘルス
7章　職場のいじめ
8章　ユニバーサルマナー